# ゆったり生きる「踊り場」の見つけ方

曹洞宗徳雄山建功寺住職
枡野俊明

青春出版社

# はじめに

人生はよくマラソンレースにたとえられます。しかし、人生とマラソンが決定的に違うのは、マラソンのゴールははっきり決まっているのに対して、人生のゴールはどこにあるのか誰にもわからないということです。

しかし、人はその見えないゴールに向かってすすみ続けるしかありません。「一度しかない人生なのだから、全力で走り抜いてやる!」。そう考えている人もいるでしょう。その心意気はすばらしいことですが、ひたすら走り続けていたら、どこかで息切れすると思いませんか? 足がもつれて転んでしまうことだってあるかもしれない。

禅は「脚下照顧《きゃっかしょうこ》」、まず足元を見つめなさい、と教えます。自分があゆんでいる人生の歩幅は、無理がなく自分に合ったものなのか、歩をすすめる速度は適切なものなのか、足を踏み出す方向性はまちがっていないか……。それらを見つめ直すこと。それがすなわち、足元を見つめることだと思います。

それができたら、前を行く人の背中を追いかけようとあせったり、後ろを振り返って、自分に迫ってくる人の姿にあわてたりする、といったことがなくなる。そう、周囲に惑わされたり、振りまわされたりせずに、心を落ち着けて「自分らしい」一歩、一歩を踏みしめながら生きていけるのです。

仏教では「安心《あんじん》」といいますが、いつも安らかな心でいたら、周囲の風景がよく見えます。仕事場での自分の立ち位置、家庭での自分の役割、他の人とのかかわりの機微……というものを見誤ることがないのです。おそらく、それが人生をしっかりと、そして、ゆったり生きることにつながっていく、と私は思っています。

のんびり気ままに生きること、ときに怠惰に身をまかせて生きること。ゆったり生きるとはそういうことではないのです。人生、山あり谷あり。得意の絶頂にいるという感じがすることもあれば、失意のどん底に沈んでいるという思いにとらわれることもあるでしょう。人生はそんなことの繰り返しです。

そのどんな状況にあっても、正面から引き受け、いたずらに心を掻《か》き乱されることなく、変わらない安らかな心で、「真摯《しんし》」にあゆんでいく、「丁寧」に、「一生懸命」に生きる。それがゆったり生きることだと思います。そのことをいっているのが「平《びょう》

「常心是道《じょうしんこれどう》」という禅語です。

もちろん、たやすいことではありません。ときには次の一歩を踏み出すのをためらうことがあるかもしれませんし、しんどくて、へたり込みそうになることもあるでしょう。どうぞ、立ち止まってください。ただし、とどまるのではない。次の一歩を力強くすすめるために、ひと呼吸いれるのです。階段でいえば「踊り場」に立つのです。

立ち止まる際、これ以上ない「踊り場」になるのが、禅の教えであり、禅の実践です。それまでのあゆみを禅の教えに照らして見つめ直してみる。ひとつ、新たな禅の実践をおこなう覚悟を固める。すると、ためらいが消え、体にも心にも力がみなぎってきます。

本書では誰の人生にも必ず訪れる状況を想定して、さまざまな「踊り場」を準備しました。さあ、いまのあなたにふさわしい「踊り場」を見つけてください。

合掌

平成二十五年八月吉日

**枡野俊明**

『ゆったり生きる「踊り場」の見つけ方』――目次

第二章

# あわてない

――足元を照らす、自分を見つめる　65

第三章

## とらわれない――無心に、そしてあるがままに　107

## 第四章 とどまらない――息を正し、人生を整える

本文ＤＴＰ　センターメディア
編集構成　コアワークス

# 第一章

# 走らない

## ――毎日が豊かになる禅の所作

# 廊下を走ってはいけません

## 「身心一如」、身体の動きが心を動かす

### 走らない所作に込められたもの

すでに遠い記憶になっていると思いますが、小学生だった頃の学校の規則を思い起こしてみてください。

真っ先に頭に浮かんだのは、「廊下を走ってはいけません」というものではないでしょうか。この校則は例外なくどこの学校にもあります。もちろん、危険を回避するという意味あいも、静かに学ぶ環境を整えるという意味あいもあると思いますが、社

会生活を学ぶ最初の段階である小学校で、「走らない」ことを強調するのは、それが人生を生きていくうえでも大切なことだからかもしれません。

禅寺でも特別なときを除いては、走ってはいけないとされています。禅僧も急いでいるときは早足になったりすることがありますが、けっして走ることはありませんし、歩く音も立てません。寺のなかで歩くときや立っているときは、「叉手《しゃしゅ》」という手の組み方をします。胸の前で左手は親指をなかに入れて握り、それを右手で包むように組むのが叉手ですが、両手をそのようにしていると、走ることができない。手の所作も走れないような形に決められている、といってもいいでしょう。

禅の修行には穏やかな心で向かわなければいけません。走らないことは心を静かに穏やかに保つことにつながっています。

自分が走っている状況を考えてみてください。「いけない、取引先との打ち合わせに遅れてしまう！」「乗らなければいけない電車に間に合わない！」……。そのときの心の状態は騒いでいますね。その騒いだ心が、ミーティングに必要な資料を忘れたり、その後のスケジュールに支障をきたしたりする、といったミスを誘発することにもなるのです。走るという動作と心の動きとはぴったりと重なり合っています。

## 人生をゆったり生きることは難しい、だから走らない

そのことをいっているのが「身心一如」という禅語です。身体と心は一体のもの、ひとつのものの両面である、という意味です。

つまり、走るという身体の動作が、心をざわざわと騒がせたり、あせらせたりする。また心が騒いだり、あせったりしていると、走るという身体の動きとなってあらわれてしまう、ということでしょう。もちろん、日常的な生活のなかにはどうしても走らなければいけないという場面もあると思います。それはしかたがないこととして、できるだけ走らないで日々を過ごすという意識を持つことはできるはずです。そうするだけでも、心の在り様は変わります。

心が静かでいられる時間が格段に増えるのです。

それが仕事にも人間関係にも、さらには人生をゆったり生きるうえでも、よい影響

をもたらすことは、いうまでもありません。

## 禅僧が走るときとは

さて、禅僧にも猛烈に走る場面があります。掃除をするときと「振鈴《しんれい》」のときです。振鈴とは、朝、修行僧たちに起床時間を知らせるために鈴を振り鳴らすこと。この二つの場面では、禅僧も長い寺の廊下を脱兎《だっと》のごとく走りまわって、その任を果たすことになります。坐禅が「静」の修行なら、こちらは「動」の修行です。

禅には「動中の工夫は静中の工夫にまさること幾千倍」という言葉があります。白隠禅師のものとされていますが、静かに坐禅をして心を整えるよりも、動きながら整えることのほうが、はるかに大切なのだという意味でしょう。

禅僧はその境地をめざして日々修行に取り組んでいるわけですが、みなさんは、まず、「走らない」こと、それによって静かに心を整えること、から始めてはいかがでしょうか。

# ゆっくり動く

## 忙しい、それは心を亡くすこと

### あわただしい所作には、心が忘れられている

仕事でもプライベートの活動や所作でも、あわただしいときは決まって動きが速くなっています。企画書の提出期限が迫っていれば、資料も自然に速読になりますし、朝、寝坊をして時間にゆとりがなければ、お茶やコーヒーも立ったままグイッと飲み干し、湯飲み茶碗やカップを流しに放りっぱなしにしたまま、家を飛び出すということにもなるでしょう。

あわただしいとき、忙しいときの、誰にでも共通する行動パターンです。

ここで「忙しい」という字に注目してください。分解すれば「忄＝心」と「亡」。つまり、心を亡くす。それが忙しいということなのです。

あわただしく、忙しく動いているときの所作には、心が忘れられています。心が込められていない、といってもいいでしょう。ただ、身体だけが動いている。冒頭の例にあてはめれば、心を注いで企画書の作成に取り組んでいないし、心ここにあらず、でコーヒーを飲んでいるのです。

いずれも「そのこと」を粗末にしている、ぞんざいに扱っている、といっていいでしょう。

## すべてが修行

禅では「行住坐臥《ぎょうじゅうざが》」、すべてが修行だと考えます。歩くことも、とどまることも、坐ることも、寝ることも、一切合切が修行なのです。あらゆる立ち居ふるまい、動きのひとつひとつが修行なのですから、粗末にしたり、ぞんざいに扱ったりしてよいことは、ひとつとしてないのです。

どれもが「心をのせた」動きでなければいけない。

それが禅の考え方です。

心を込めた所作、心をのせた動きは、ゆったりとして丁寧なものになるはずです。ゆったり動くことでそこに心がのってくる。心がこもってくるのです。

日本が世界に誇る伝統芸能のひとつである「能」は、そのゆったりした動きが最大の特徴です。

ゆったりした動きだからこそ、演者の思いや意図が、つまり、心が余すところなくひとつひとつの動きにあらわれるのです。心をのせた動きの〝真骨頂〟を能の世界に見ることができます。

能で重んじられるのは、呼吸です。

能楽師は足の裏から息を吐いたり、吸ったりするイメージで呼吸をしているともいわれますが、寸分の乱れもない、ゆっくりと整った呼吸が、あの動きを可能にしているのだと思います。

## 「欠気一息《かんきいっそく》」で心を整える

坐禅でも呼吸はきわめて重要です。坐禅を始めるときには、「欠気一息」といって、深い深呼吸をおこないます。口を軽く開けて息を吐ききり、深く吸い込む。これを二、三回繰り返すことで、身体のなかの邪気が抜け出て、坐禅に取り組む態勢（身体、呼吸、心）が整うのです。

動きがバタバタとせわしなく速いものになっているときは、まず、呼吸を整えましょう。

すると、不思議なことに、心がスーッと落ち着いてくるはずです。ひとつひとつの動きに心をのせる態勢が整ってくるといってもいいですね。

そうして心をのせた動きが、ゆったりとして丁寧で、見た目も美しいものになることは、いうまでもありません。

# 自分の足元を見つめなさい

## 「脚下照顧《きゃっかしょうこ》」、地に足がついた生き方をすること

**●脱いだ履き物を、きちんとそろえること**

昔から広く知られるこんな言い方があります。

「浮ついていないで、ちゃんと自分の足元を見つめなさい」

地に足がついた生き方をする、という言葉もありますが、どちらも一瞬、一瞬を疎かにしないで、真摯に生きることの大切さをいっているものでしょう。

禅にも「脚下照顧」という禅語があります。前後を入れ替えて「照顧脚下」といっ

たり、「看脚下《かんきゃっか》」といったりもしますが、その意味は、まさに足元をしっかり見つめなさい、ということです。

日常の所作でいえば、脱いだ履き物をきちんとそろえなさい、ということ。たかが、履き物じゃないか、そろえようが、脱ぎっぱなしだろうが、少々、「お行儀」に違いがあるだけだろう。そう、思いますか？

しかし、履き物をそろえるか、そろえないか、というそのことに、じつは心がそのまま映し出されているのです。

曹洞宗大本山永平寺の第七八世貫首《かんしゅ》をつとめられ、一〇〇歳を過ぎてなお、若い修行僧とともに修行を続けておられた、宮崎奕保《えきほ》禅師にこんな言葉があります。

「スリッパを脱ぐのも、坐禅の姿や。スリッパをそろえるのが、当たり前のこっちゃ。たとえば、スリッパがいがんでおったら、ほうっておけないんだ。スリッパがいがんでおるということは、自分がいがんでおるんだ。自分がいがんでおるから、いがんだやつが直せないんだよ」

宮崎禅師も、脱いだ履き物をどう扱うかは、心のあらわれそのものだ、とおっしゃっています。たかが、履き物どころの話ではないのです。

## ●足元を見つめることの意味とは

足元を見つめるということは、その瞬間に自分がやるべきことを見定め、正しく把握するということです。履き物を脱いだ瞬間にやるべきことは、当然、その履き物をそろえるということではありませんか。

急いでいるから、面倒くさいから……などの理由で脱ぎっぱなしにするのは、やるべきことが見定められず、把握できていない、ということにほかなりません。

なかには、履き物についてはずぼらかもしれませんが、仕事や日常の大切なことはしっかりやっている、という人がいるかもしれません。

しかし、生きるということはそう都合よくはいかないのです。

今、その瞬間にやるべきことを置き去りにして、次の瞬間はやるべきことをやるというわけにはいきません。

だいいち、宮崎禅師の言葉を借りれば、履き物をそろえられない「いがんでおる自分」が、仕事でほんとうにやるべきことに真摯に取り組めると思いますか？　日常の大切なこととまっすぐに向き合えるでしょうか。

自分では気づかなくても、どこか〝いがんだ取り組み方〟〝いがんだ向き合い方〟になっているのです。

人生は瞬間、瞬間の積み重ねですから、少し厳しい言い方をすれば、どんな瞬間でも、いがんだ取り組み方、いがんだ向き合い方をしたら、いがんだ人生が紡がれていくということにもなる。

さあ、どんなときも脱いだ履き物はきちんとそろえる。「脚下照顧」の禅語をしっかり噛みしめてください。

# 見えないところほど手をかける

## 足元は、常に見られています

### ●身だしなみの完成は、靴にある

現代の若者は総じておしゃれですから、身だしなみには十分気を配っていると思います。

何世代か前には、ところどころにほつれのある学生服を着続け、テカテカの学生帽を被り続けることを〝わが矜持《きょうじ》〟とするバンカラ気質の若者がいたものですが、時代はすっかり様変わりしています。

身だしなみを整えることには、もちろん、賛成ですが、時折、「画竜点睛《がりょうてんせい》を欠く」ケースが見うけられるのが、ちょっと気になります。

靴です。ファッションは清潔感もセンスも申し分ないのに、靴が汚れている。そんな人、けっこう見かけませんか？

もちろん、ブランド品や高価な靴を履くべきだなどというつもりはありません。値段には関係なく、きれいに磨かれているかどうかの問題です。

「わぁ、素敵！」とファッションに魅了されたあと、視線を下に移していったら、「あれっ、靴が汚れてる」では、憧れの気持ちも一気にしぼみますね。頭のてっぺんから足の先まで、という表現がありますが、靴がきれいに磨かれていてこそ、おしゃれも完成するのです。

## ●そこに人があらわれているから、足元を見る

「足元を見る」という言葉がありますが、これはお金の貸し手が借り手の〝人物〟を

判断する際、足元、つまり草履や下駄を見たことからきています。草履や下駄の手入れが行き届いていれば、隅々にまで心配りができる人物だから、お金を貸しても大丈夫と判断したのです。

足元は視線が届きにくく、見えにくい部分ですが、じつはそこが、かつては人物判断の決め手になっていた。このことも忘れないでください。

## 足の置き方は、心の置き方

足元はまた、心の置き方ともかかわっているような気がします。足がピタリとそろっているときは、気持ちも引き締まり、気力も充実している。心に乱れがなく、安定しているのです。

一方、あせっているときやイライラしているときは、無意識のうちに足が小刻みに動いたりするもの。

貧乏揺すりなどはその典型といえるでしょう。表面上はとりつくろっても、心の置き方が、正直に足元にあらわれてしまうのです。

たとえば、こんなことがありませんか?

話をしている相手が、きれいな敬語を使い、自分に敬意を表してくれている、と思ったのに、見るとはなしに足元を見たら、だらしない感じがした。

さあ、そんなとき相手の敬意が信じられますか? 誠意の心を持って接してくれている気がしますか?

足元のだらしなさが見えてしまったら、敬語はとってつけたものに聞こえ、敬意も誠意も上辺だけのものに感じられるのではないかと思うのです。それほどに足元は〝雄弁〟なのです。

足元から心の置き方が透けて見える。そのことを知ったら、もう、疎かになんかできませんね。

もちろん、足元にも気配りができるあなたは、心の置き方も落ち着いて、心豊かになっています。

# ゆっくり歩くとまわりが見える

## 日本の自然を感じられる心を持つ

### 自然とともに生きなさい

とにかく歩くのが速い。それも現代人に共通する特徴です。

街の雑踏では大勢の人が「どうして、そこまで……」といいたくなるほど、足早に行き交っています。かぎりある時間を少しでも有効に使うため、ということには一理あるにしても、歩くことの意味は「空間を移動する手段」ということにしかないのでしょうか。

道元禅師が詠まれた次の歌があります。

春は花
夏ほととぎす
秋は月
冬雪さえて
冷しかりけり

美しく色分けされた日本の四季。どの季節もそれぞれに違っていて、どれもが清々しい。

「本来の面目」の題があるこの歌は、そのときどきの自然を感じ、自然を愛し、自然とともに生きなさい、という意味あいも持っているのだと思います。歩くこと、それもゆっくりと歩くことは、自然を感じるためのいちばん手軽な方法ではないか、と私は思っています。

## ●周囲が見えなくなる速さで歩いていませんか

足早に歩いていると、周囲が見えません。

ちょうど録画したＤＶＤを早送りしているようなもので、一応、目に入ってはいるものの、感性でしっかりそれを捉えてはいないのです。

ゆっくり歩くと、周囲が見えてきます。

感性が働き始めて、自然が感じられるようになります。

大都会には自然がないといわれますが、そんなことはありません。東京にも自然豊かな大きな公園がいくつもありますし、自宅から最寄り駅までの途中にある小さな公園にだって、さまざまな自然がある。地方なら、暮らしとみごとに共存した自然があるはずです。

ゆっくり歩をすすめていると、木々の葉の擦れ合う音や鳥のさえずり、花の香りや風のにおい、空気の冷たさ暖かさまで感じられるのです。自然の移ろいをそのまま受けとることができる、といってもいいですね。

「金木犀《きんもくせい》の香りがこんなに濃くなってきた」
「ずいぶん風が涼やかなものに変わったな」

自然の移ろいを感性いっぱいに受けとめることは、生きている実感をヒシヒシと感じることにつながっていきます。すると、生きていることのよろこび、幸せが心の底から湧き上がってきます。

ときにそんな時間を持ったら、人生はずっと瑞々《みずみず》しく、豊かなものになると思いませんか。

現代人の生活からはどんどん自然と触れ合う機会が失われています。どんなに小さなものでもいい、自然に足を踏み入れて、少し歩調をゆるめてみましょう。

そして、自然が伝えてくるものをあるがまま、そのまんまに受けとってください。

# 丁寧にいただく

## 「五観の偈《げ》」の精神を持つ

### 「いただきます」は、何をいただくのでしょうか

日本ではいまも変わらず、飽食とグルメの時代が続いています。おいしいものをいつでも、いくらでも、食べられるという環境にあるわけですが、実際の食生活ということになると、充実しているとは言い難いのが実情。

食事に対する考え方、向き合い方はかなり杜撰《ずさん》なものになっているという気がするのです。

みなさんのなかで、朝食をしっかりとっているという人はどのくらいいるでしょうか。コーヒー一杯ですませる、駅の立ち食い蕎麦が定番、通勤途中でいつもファストフードを頰ばっている……。そんな朝食スタイルがけっこう一般的になっています。

昼食も食事はささっととかき込み、お茶と歓談により多くの時間を使うということが多いのではないでしょうか。

外回りをしている営業職の人などは、得意先をまわる時間の合間に、ごく短時間ですませることになっているのかもしれません。

「早飯は芸のうち」という言葉もあるように、なるべく時間を使わずに空腹を満たせばいい、というのが多くの現代人の食事観といっても、そうまちがってはいないでしょう。食事は蔑《ないがし》ろにされています。

そんな時代だからこそ、食事の意味を見直してほしいのです。食事を始めるときに「いただきます」ということ（実際にいっているかどうかはともかく……）は誰でも知っています。では、「何を」いただくのでしょう。食事として供される食材は、何もかもが命あるものです。

肉や魚はもちろん、野菜や果物もそう。

いただくのはその「命」です。

私たちはほかの命をいただいて、生きている、いえ、生かされているのです。そのことに思いを馳せたら、感謝の気持ちが湧いてきませんか？　感謝を込めてひとつひとつの食材を、ゆっくりと味わう。

それが命をいただく基本的な作法です。

禅には食事の前に必ず唱える「五観の偈《げ》」というものがあります。

その意味は次のようなものです。

一、大勢の人のお蔭でいまこの食事があることを思いながらいただく
二、そのありがたい食事をいただいていい自分なのかを省みながらいただく
三、貪り、怒り、愚かな心がないかを自分に問いながらいただく
四、心身を健やかに保ち、修行を続けるための良薬としていただく
五、修行に励み、成道をなす（悟りを得る）ために、大切にいただく

## 道元禅師の食の教え

禅にとって食事がどれほど大事なものであるか、その一端がわかっていただけるのではないでしょうか。

道元禅師は、とりわけ、食事を重んじています。もちろん、みなさんも食事のたびに「五観の偈」を唱えるべきだというつもりはありません。しかし、〝合間〟や〝ついで〟ではなく、「命をいただく」ことに感謝を込めながら食べることはできるはずです。「喫茶喫飯《きっさきっぱん》」という禅語は、お茶を飲むときはお茶とひとつに、食事をするときは食事とひとつに、なりなさいと教えています。つまり、そのことだけに集中しなさいということですね。

感謝を込め、余計なことは考えずに、丁寧に一生懸命に、そして楽しんで食べる。その心持ちでいたら、箸運びも自然にゆっくりとしたものになります。

# 精進料理の意味を毎日に活かす

## 空腹が身体に教えてくれることとは

### 本当の精進料理の世界

禅の修行僧の食事は、いわゆる「精進料理」と呼ばれるものです。

野菜や根菜類が中心で肉、魚はいっさい食べません。「目鼻口があるものはいただかない」という言い方もするのですが、目鼻がある動物や魚は食べてしまえば、その命が甦ることはありません。そのため食べてはいけないとされているのです。

一方、野菜や根菜、海藻などにも命はありますが、根を残しておけば、再生して命がつながれていきます。そこに食べることが許される理由があります。出汁《だし》にも目鼻がある鰹節や煮干しは使わず、昆布と椎茸を使います。

いまは、精進料理を出す和食店などもあって、なかなかに〝豪華〟なメニューが設定されているようですが、修行中の禅僧の食事は同じ精進料理といっても、それとは全く比べものにならないほど質素です。

ちょっと紹介しておきましょう。

朝の食事は「小食《しょうじき》」と呼ばれ、お粥とゴマ塩（ゴマと塩を一対一の割合で炒ったもの）、香菜、つまり漬け物だけです。

「点心《てんしん》」と呼ぶ昼食は、米と麦を混ぜて炊いたご飯と香菜、それに味噌汁で全メニューとなります。

夕食にあたる「薬石《やくせき》」になると、少しボリュームが増します。点心に「別菜」というおかずがつくのです。ただし、それも大根の煮物とか、煮つけたがんもどき半切れ、といった程度のものですから、修行中の食事はどこまでいっても質素です。

## ●空腹で頭が冴えてくる

当然、修行僧はいつも空腹を抱えているということになるのですが、身体がそれになれてくるのか、三カ月もすると不思議と当初感じていた体がおかしくなってしまうような空腹感はなくなっていきます。

それと同時に頭が冴え、肌がきれいになる。頭が冴えてくるのは、おなかにやさしい消化のよい食べものばかりですから、消化器官に負担がかからず、脳に血液がたくさん送り込まれるからでしょう。

美肌効果の理由はわかりませんが、事実、修行僧たちの肌は透けるように白く、つややかになるのです。

みなさんの食生活にも野菜中心のメニューを取り入れてはいかがでしょう。週末に〝野菜デー〟を設定してもいいし、週に一回はそうするということでもいい。肉は大切なたんぱく源ですが、肉ばかりに偏った食事をしていると、気持ちが攻撃的、戦闘的になるところがあります。

それとは逆に、野菜中心の料理には先にあげたもののほか、気持ちを静かに落ち着かせてくれる効果もあるようです。実際、精進料理一辺倒の修行中は、イライラや怒りにとらわれることもなく、落ち着いて坐禅やその他の修行に打ち込むことができるのです。

ウイークデーは誰もが追われるような気持ちで、仕事に取り組んでいるのではないでしょうか。

そのなかで心もせわしなくなっています。そんな心をリセットする意味でも、週に一度の野菜食はおすすめです。

少々、手をかけた野菜料理をつくって、じっくりと噛みしめながら、素材の味を楽しむ。そんなひとときは、心を穏やかにしてくれて、時間がゆったりと流れます。そのリフレッシュ効果を、ぜひ、味わってください。

# ゆっくり会話をする、じっくり話を聞く

## 会話は、途切れてもいい

### 沈黙の時間をつくる

大学で教鞭をとっていることもあって、若い人たちが何人か集まっておしゃべりをしているのを、聞くともなしに聞くことがあります。

私の印象をいえば、早口でよくしゃべってはいるのですが、中身が薄いという気がします。

あくまで私の感覚ですが、意味のある会話として成り立っているのは二割程度、あ

との八割は、まあ、どうでもいいことをわあわあといい合って盛り上がっている、という感じでしょうか。

もちろん、他愛のない会話をするなかで、おたがいの交流を円滑にすすめる、ということの意義については認めますが、ときにはゆっくりと会話らしい会話をして心を通わせ、絆を深めていくことも必要なのではないかと思うのです。

考えてみると、よくしゃべるということの裏には、沈黙の時間が流れるのが怖い、という意識があるのかもしれません。昨今は、〝会話が途切れない〟ためのハウツウ本が相次いで出版され、よく売れていると聞きます。やはり、若い世代には沈黙に対する不安が、拭いがたくあるということなのでしょう。

## 心を通い合わせること

会話のスキルを身につけることで、たしかに、沈黙の時間は埋めることができるかもしれません。しかし、淀みなく続く会話が「一方通行」の繰り返しだったら、心が通い合っていることになるのでしょうか。

片方が自分のしゃべりたいことを一方的にしゃべり、ひとしきりしゃべり終えたら、今度は相手がこれも自分のしゃべりたいことをしゃべる。そんなケースはけっして少なくはないようです。

相手がしゃべっているあいだは、次に自分がしゃべることに注意が向いていて、結局、おたがいに相手の話は何も聞いていないということになっていたら、話が噛み合うはずもありません。

## 直接向き合う

「面授」という禅語があります。大事な教えは師匠と弟子が直接向き合って授けなければいけない、というのがその意味です。このことは会話についてもいえるのではないでしょうか。

相手ときちんと向き合わないと、伝えたい想いも気持ちも伝わりませんし、相手の心を受けとることもできないのです。

たとえ、対面していたって、〝一人しゃべり〟の行ったりきたりでは、向き合っていることにはなりませんね。

言葉を思いつくままに連ねる、あるいは並べ立てるのではなく、そのときの想いや気持ちを伝えるにはどんな言葉がふさわしいのか、それを選びながらゆっくりと語りかける。沈黙することがあってもいいじゃないですか。

言葉が相手の心に響いていれば、沈黙はかえって絶妙な「間」となり、会話の密度を高めることになるはず。相手の聞く態勢もさらに整うものです。

わあわあ盛り上がる会話もいい。ただし、大事なことは心と心を向き合わせてきちんと伝える。

そんな会話のメリハリが人とのつながりを深めることになるのです。

# たまには禅寺を散策する

## 背筋を伸ばす時間をつくる

### 現代人に禅寺が求められている

なんだか余裕がなくて心がカサカサしている。たまにはのんびりとした時間を過ごしたい——。

あふれんばかりの情報に囲まれ、状況がめまぐるしく動いていくこの時代、誰にでもそう感じることがあるのではないかと思います。

しかし、思いついたときに休暇をとって、何日か温泉地や自然が豊かなリゾート地でゆっくりする、といったことは現実にはなかなかできることではないでしょう。

そこで提案したいのが、「禅寺の散策」です。京都や鎌倉にはたくさんの禅寺がありますし、国内には二万以上の禅寺が点在しています。探してみれば、みなさんの近くにもきっと趣のある禅寺があるはず。そこに出かけ、気ままに散策しながらしばしのときを過ごすのです。

## 掃除が行き届いた禅寺に触れる

禅寺に足を踏み入れると空気が変わります。全体に凛とした空気が流れているのです。掃除は禅の重要な修行のひとつですが、とにかく禅寺は隅々まで掃除が行き届いています。すぐ目に入る場所だけではなく、樹木の根元や庭の片隅など、ふつうは目につかないようなところまで、きれいに掃き清められているのです。

その清浄とした佇まいに身を置くと、ピシッと背筋が伸びるような感覚になります。

禅寺の山門は「結界」、つまり、境界線。山門の内側は清らかな浄域なのです。そこをくぐり抜けることで、浄域にふさわしいきれいな心になっていく。

大きな禅寺になると、本堂にいたるまでに三つの門があります。ひとつくぐるごとに、心の汚れが拭われていくのです。

山門をくぐり、清めの所作をおこなうことで、心にあるモヤモヤとしたものが削ぎ落とされていきます。心が徐々に整っていくといってもいいですね。そして、本堂の前に立ったとき、清らかなきれいな心になっているのです。

## ●あるがままの心の美しさ

禅では「露《あらわ》」といいますが、清らかな心、きれいな心とは、どこにも包み隠すものがなく、あるがままに剥き出しになっている心のことです。生きていれば、誰もが心にさまざまなものをまとい、あるいは、何かで心を覆う、といったことになる。禅的にいえば、煩悩にとらわれるということになるのですが、じつはそれが不安や悩みの元になっています。

禅寺に立つと、ひとときの時間でも、それらを捨て去って、露の心に戻ることができるのです。禅寺の凛とした空気が心地よく、清浄な佇まいに心打たれるのは、何ものにもとらわれない露の心がそれを感じているからだと思います。

ぜひ、禅寺に出かけて、凛としていながらゆったりと流れる時間のなかで、露の心を取り戻してください。

ちなみに、私が好きな禅寺を少しあげておきましょう。

・龍安寺（京都市右京区／臨済宗妙心寺派）
・西芳寺（京都市西京区／臨済宗単立）
・天龍寺（京都市右京区／臨済宗天龍寺派）
・詩仙堂丈山寺（京都市左京区／曹洞宗）
・鹿王院（京都市右京区／臨済宗単立）
・高桐院（京都市北区／臨済宗大徳寺派）

# ときには立ち止まってもいい

## 「七走一坐」、振り返る時間も必要です

### 踊り場を自分でつくる

確実に前を向いて、一歩ずつあゆんでいく。人生はそうありたいと願っている人は少なくないのではないでしょうか。たとえ、わずかな一歩でも歩を先にすすめるという生き方は、どこか理想的にも見えます。

しかし、長い人生、いつも「先に、先に」「前に、前に」という意識でいたら疲れませんか？　いつか息切れしてしまいます。

私は立ち止まるということも必要だと思っています。

階段には必ず踊り場があります。

その踊り場でひと息つくから、長く続く階段も上りきることができるのです。踊り場がなく延々階段ばかりが続いていたら、おそらく上りきることはできない。体力はもちろん、気力だって萎えてしまうでしょう。

踊り場で立ち止まって、いま上ってきた階段を眺めると、新たな発見や気づきがあります。それが次の階段を上る際に役に立つのです。

## 一日一止、それが正しい

仕事でいえば、一生懸命に取り組んできた仕事が一段落したら、間断なく、次の仕事に取り組むというのが、いってみれば、踊り場で立ち止まらない仕事との向き合い方、ということになるでしょう。猛烈に仕事をこなすタフネスぶりは、見るべきところがありますが、やり終えた仕事を次の仕事に活かすという点では、問題なしとはいえない、という気がします。

ひとつ仕事をこなしたら、少し立ち止まって、振り返ってみる。すると、「あの場面ではもう少しうまいやり方があったな」「契約までの手順で見直すべきところがわかった」……というふうに、発見や気づきがあるのです。それが次の仕事に有効に活きることはいうまでもありませんね。

「一日一止」という言葉があります。一日に一度、立ち止まりなさい、ということですが、「一」と「止」を組み合わせると「正」しいという字になります。つまり、生きていくうえで立ち止まることは正しいのだ、とこの言葉は教えています。

## とどまらないで、立ち止まる

禅語にも「七走一坐」というものがあります。人間、走り通しに走っていたのでは、ものごとが見えなくなってしまう。七回走ったら、まあ、いったんは立ち止まり、静かに坐って、この走り方は正しいのか、ペース配分はこれでよいのか、走る方向は間違っていないのか、といったことを見直しなさい、ということをこの禅語はいっています。

自分を見失わないためにも、立ち止まるのがいい、ということでしょう。

禅ではとどまってはいけない、としていますが、立ち止まることと、とどまることは違います。立ち止まるのは大地にしっかり足を据えた姿、とどまるのは身動きができないまま立ち竦んでいる姿、といってもいいかもしれません。

坐禅の「坐」という字は、大地（土）のうえに人が二人坐っていることをあらわしています。一人はいまの自分、もう一人は本来の自分（本来の自己）です。本来の自分とは一点の曇りもない、生まれたばかりの赤ちゃんのようなきれいな心を持った自分のことです。

その二人の自分が隣り合わせになって生きているのが私たちです。そのことに気づくことが大切。そのためにも、立ち止まって、（そして、坐って）みることは意味のあることなのです。

# ときには走る

## そして、走ることだけに集中する

### 「三昧」の意味

かなり以前から、ランニングブーム、マラソンブームが続いています。東京マラソンの成功や、埼玉県庁職員で市民ランナーから日本代表レベルの選手になった川内優輝選手の出現も、ブームにいっそうの拍車をかけることになったのでしょう。

ランナーたちを見ていると、携帯音楽プレイヤーなどで音楽を聴きながら走っている人が目につきます。そうすることに一定のリラックス効果があることは否定しませんが、私は、どうせ走るのなら、走ることだけに集中するのがいいと思っています。

みなさんも「三昧《さんまい》」という言葉を聞いたことがあるでしょう。読書三昧、ゴルフ三昧、といった使い方をしますね。この三昧はもともと仏語です。雑念を取り払って、一心にひとつのことに集中、没頭すること、というのがその意味。そのことによって、心安らかな状態になれるとされています。

禅でも、対象が何であれ、それをやることだけにつとめ、そのこととひとつになりきりなさい、と教えています。言葉を換えたら、ものごとに無心で取り組むということになるかもしれません。

## 無心の境地

考えてみると、いまの世の中、無心で何かに取り組むということはほとんどないのではないでしょうか。たとえば、大好きなゴルフをしていたって、三昧の境地にはなれないのです。

「明日は朝から会議だったな。そのための資料はちゃんとそろっていたっけ？　家に帰ったら確認しておかなくては……」といったことになる。その逆に仕事中でも、「きょうはどこに行くかな？」などと退社後の飲み会の場所を考えることがある。こちらのケースは少なくないのではありませんか？

ランニングやマラソンは、日常のなかで無心になれる数少ない好機といえるかもしれません。後方に流れてゆく景色に溶け込むような気持ちで、身体いっぱいに風を感じてひたすら走る。走るそのことだけにつとめる。

すると、心のなかに巣くっていた雑念がだんだん離れていきます。しだいに心が空っぽになっていくのです。無心の境地に近づいていくといってもいいでしょう。無心とは何ものにもとらわれない自由な心です。

走り終えたあと、心地よい疲労感とともに清々しい気持ちになれるのは、そこに自由な心があるからです。仕事や人間関係など、さまざまなものにとらわれて日常を送っているのが現代人です。ときにランニング三昧、マラソン三昧の時間を持つことは、心を解き放つ有効な処方箋だと思います。

# 無心で坐る

## 「只管打坐」、ただ坐ることだけに徹する

### 無心でただ坐る、とは

最近は坐禅の会を開いている禅寺もたくさんありますから、みなさんのなかにも坐禅を経験したことがあるという人がいるかもしれません。

私が住職をつとめている横浜市の建功寺でも、毎週日曜日に坐禅の会をおこなっています。その折にしばしば、参加者から、「どんな気持ちで坐ったらいいのですか？」と尋ねられることがあります。

曹洞宗の坐禅は「只管打坐《しかんたざ》」といいます。文字どおり、ただ坐るのです。無心でただ坐ることだけに徹する。しかし、これはいうは易く、おこなうに難し、なのです。禅僧が坐禅のとき無心でいるかというと、どうも〝あやしい〟といわねばなりません。

修行僧はもちろん、毎日坐禅をおこないますが、その際には無心どころか、さまざまな思いが巡ってきます。

修行を始めたばかりの頃は、先ずは、坐っている自分の姿が真っ直ぐになっているかが、いつも気になってしまう。そして、日々粗食でいつも空腹感がありますから、食事のことばかりが頭に浮かんできたり、冬場なら寒さや足のしびれが気になったりするのです。

「まずい！　飯のことなど考えずに、無心にならなければ……」

そう思えば思うほど、かえって考えがそこに集中してしまう。心がとらわれてしまうのです。前項でもお話ししましたが、無心とはとらわれない心、自由な心ですが、私は次のようなことじゃないか、と思っています。

## 水面のような心をつくる

坐禅をしていても、いろいろな思いが浮かんでくるのはしかたのないことなのです。それを「考えてはいけない」と追い払おうとするから、とらわれてしまう、縛られてしまうのです。浮かんできた思いも、考えも、放っておけばいい。放っておいたら、自然に消えていく。思いも、考えも、心を通り過ぎるだけで、けっしてそこにとどまって、心を縛ることはないのです。

私はいつもこんなたとえをします。鏡のように静かな水面に小石をひとつ投げ込むと、当然、波紋ができます。その波紋を止めようとして水に手を入れたら、また、新たに別の波紋が生まれますね。

しかし、何もせずに放っておけば、波紋はしだいにかすかなものになって、やがては消えてしまいます。静かな水面が戻ってくる。

心もこの水面のようなものなのではないでしょうか。自然にまかせておけば、とらわれることも、縛られることもなく、自由でいられるのです。

## 独聴松風、その音と一体になる

坐禅では、心をまかせきっているうちに、思いや考えから完全に解き放たれる瞬間がおとずれます。心には何もなく、坐禅をしていることさえ意識されない。ただ坐っている、只管打坐の姿です。

「独聴松風（ひとりしょうふうをきく）」という禅語があります。松葉が風にそよぐかすかな音さえ聴こえる、そして、その音と一体になっている、という意味ですが、只管打坐の姿がまさしくそれだといっていいでしょう。

理想的には坐禅をするのがよいと思いますが、そこまでしなくても、一日の終わりにひとり静かに椅子やソファなどに坐って、しばし時間を過ごしてはいかがでしょうか。

あわただしく過ぎていった一日を「自由な心」で締め括る。そんな習慣が人生をきっとうるおいあるものにします。

# 寝る前三〇分の過ごし方

## 暗い闇のなかで、考えてもしかたがありません

### 考えごとをしない工夫

寝る前にふと仕事のことが気にかかり始めた。ちょっと不安な思いが頭をもたげてきた。そんな経験はありませんか？　こうなるともういけません。気がかりも不安もどんどん大きくふくらんでいきます。とくに夜は、マイナスの思い、負の思いがスパイラル的に深まっていくのです。周囲に暗い闇が立ちこめていることも影響するのでしょう。その結果、まんじりともできない夜を過ごすことになったりもするのです。

夜はやはりゆっくりと眠って心身を休める時間帯です。そのためにも、寝る前には気にかかることや不安になることは、極力考えないようにする。それが望ましい夜の過ごし方といえるのではないでしょうか。

寝る前三〇分くらいになったら、気持ちを切り替え、考えごとをしないための工夫をしたらどうでしょうか。修行中の禅僧は「夜坐《やざ》」といって、必ず、寝る前に坐禅をします。

坐ることによって、気持ちが静まり、心も穏やかなものとなって、安らかな眠りにつけるのです。

## 自分にとっての夜坐を見つける

この夜坐に代わるような、それぞれの「儀式」をおこなう。たとえば、音楽が好きなら三〇分間お気に入りの曲（アップテンポのものではなく、静かな曲調のものがおすすめ）を聴く。読書が趣味なら興味のある本を読む、あるいは詩集をひもとく。好みの香りのお香を薫《た》くというのもいいですね。

ポイントは、それをすることで、「癒される」「心が安らぐ」「気持ちが落ち着く」「ゆったりした気分になる」……ということです。そして、その雰囲気に心も身体も委ねてしまうのです。

部屋のなかでいちばん居心地がよいと感じる場所、たとえば、ソファだったり、床に敷いたクッションの上だったり、ベッドだったりすると思いますが、そこを三〇分の儀式をおこなう場所にすると、効果はさらに高まるかもしれません。居心地のよい場所で、気持ちのよいことをする。

心、それから身体にとっても、これほど解放感に満たされる時間はありません。余計な考えも入り込んできませんよ。

## 極めると、睡眠も極まる

ちなみに、眠ることに関して、私は〝達人〟の域。じつはそのことが科学的にも証明されているのです。医療機器などのメーカーであるオムロンが手がけている「ねむりラボ」というプロジェクトがあります。そのなかで眠りの質をはかる実験がありました。

簡単にいってしまえば、睡眠時間中にどれだけ〝ぐっすり〟眠っているかをはかる実験です。

私のほかに二人、計三人が被験者になったのですが、他の二人は眠っていても、起きている状態に近いというようなことが起きて、ぐっすり眠っている時間は、六時間半の睡眠時間中二時間半だったり、七時間中一時間四〇分だったり、という結果が出ました。

ところが、私の結果はなんと、六時間の睡眠時間中五時間四〇分、ぐっすり眠っている、というものだったのです。睡眠効率九九・九%ということでした。

たしかに、床に就いてから入眠まで三分とかかったことはありません。さあ、みなさんも私の域をめざして、それぞれの「夜坐」の実践から、よい眠りの実現に取り組んでみませんか?

# 第二章

# あわてない

〜足元を照らす、自分を見つめる

# あなたが力を尽くすことで、その場所は輝く

「大地黄金《だいちおうごん》」――力を出す場面は、自分でつくれる

## 仕事に「やる気にならない」も「つまらない」もない

自分がいまついている仕事で、自分の力を十二分に発揮していると感じている人は、どのくらいいるでしょうか。おそらく、余すところなく能力を出しきっている実感がある、という人は少ないのではないかと思います。

さて、問題は力を発揮できない原因、能力が出しきれない理由を、どこに求めるかです。こんな方がけっこういます。

「いまの部署じゃあ、やる気になれない。企画部門だったら思う存分、自分の力を出せるのに……」

「総務なんて自分に向いていないんだよ。営業に出してくれたら、契約なんかいくらでもとってみせるんだがな」

自分が力を、能力を出せないでいるのは、いま自分が置かれている場所が悪い、自分の能力を発揮すべき場所は別にあるのだ、というわけです。そこで、日々、「こんな仕事をさせられるなんて……」とわが身の不遇を嘆いて過ごしているのでしょう。

しかし、いま置かれている場所で、力が出せないで、いや、出すことをしないで、別の場所なら出せるということがあるのでしょうか。

あるいは、人事を担当している上司が、「そうだよなあ、あいつにやる気が見られないのは、いまの部署が悪いんだな。もっと違う部署だったら、きっとやる気を見せてくれるはずだ。いまの部署につけてほんとに申し訳ない」と考えてくれるものでしょうか。

どちらもあり得ません。会社という組織にいる以上、そのとき置かれた場所がすべてなのです。

力を出すにしても、出さないにしても、「そこで」やるしかない。仕事に「やる気にならない」も、「つまらない」もありません。どのような仕事であっても、そこにあるのがあなたの仕事なのです。

## あなたの個性が仕事には必ず出る

「大地黄金《だいちおうごん》」という禅語があります。いま、自分が置かれた場所で一生懸命に力を尽くしたら、その場所は黄金のように輝いてくる、というのがその意味です。輝いている場所が、つまり、力を出しきれる場所が、はじめからどこかにあるわけではないのです。あなたが力を尽くすことによって、その場所が輝いてくる。

この因果関係を取り違えないでください。

どんな仕事も一生懸命に全力で取り組めば、そこに必ず、その人の個性というものがあらわれてきます。誰がやっても仕上がりは変わらないように見える仕事でも、その人ならではのテイストが加味されるのです。

「おっ、この資料はホチキスじゃなくて、クリップ留めになっている。なるほど、クリップを外せば、何枚かを横に並べて見られるようになっているんだ。これは○○くんの仕事だな。資料の意味をよく考えてくれている」

たかが（と思うような）、資料をまとめるだけの仕事でも、このように、しっかり自分を出すことができるではありませんか。そのとき、資料まとめの仕事は誰かがやるのとはひと味違って、輝いていませんか？

力が出せる場所じゃないと拗ねて、激しく地団駄を踏んでいたって何も始まらないのです。

置かれた場所にしっかり足場を築いて、ひとつひとつの仕事に心を込める。個性もテイストも、そうすることでクッキリとあらわれてくるのです。

# 辞める決断は、ゆっくりゆっくり出せばいい

## 「いいこと」だけを念頭に、仕事を選んでいませんか

### ブラック企業をどう考えるか？

いま、就職をめざす若い人たちのあいだで「ブラック企業」というものが取り沙汰されていると聞きます。たしか、国会でもその話題が取り上げられていたと思います。

労働条件や労働環境が過酷で、せっかく就職した社員たちが、それに耐えられず、次々に離脱していく。なかには過労や精神的なプレッシャーからうつ状態になって、社会生活を送るのが困難になる人もいる。そうしたケースが少なからずある、という

のがブラック企業といわれる会社の実態のようです。

あらかじめ離脱者、脱落者が出るのを見越して、大量に採用し、常識的な範囲を超えた厳しい働かせ方をして、ふるいにかける、という企業のあり方は、もちろん、是とされるものではないでしょう。

しかし、日本の労働行政は、どちらかといえば、働く人の側に軸足を置いたものになっていますから、いずれは何らかの規制なり、法整備なりがなされて、そんな企業体質は変わっていくのだと思います。

ブラック企業に関しては、今後も注視していく必要がありますが、その一方で、現代の若い世代の人たちの仕事に対する考え方にも、問題なしとはいえない、という気が私にはしています。

就職先を選ぶ際の基準はどこに置かれているのでしょう。名前の通った優良企業だから、グローバルに活躍できそうだから、他社に比べて給料が高いから、海外のリゾート地に保養所があるなど、厚生施設が充実しているから……。そんな要件が、優先されているのではありませんか？

## 新人であれば、何もかもがしんどい

「好きな仕事だから」「やりたい仕事だから」という視点は、会社選びの基準としてかなり低い位置に置かれている。それが昨今の就活現場の実情だという気がするのですが、いかがでしょうか。

つまり、会社が自分にしてくれる「いいこと」しか念頭にないのです。しかし、実際に仕事に入れば、つらいことも、厳しいことも、きついことも、あって当然です。ましてや仕事に慣れていない新人であれば、何もかもがしんどいと感じたとしても、不思議はありません。

そこで、短絡的に「ああ、思惑が外れてしまった。こんな会社だとは思わなかった。辞めようかな」と考えるのは、「好き」「やりたい」という思いがその仕事に感じられないからでしょう。

しかし、「石の上にも三年」という言葉もあります。何ごとも辛抱して三年間はそのことを続けてみないと、自分に向いているか、いないかの判断などできない、という意味もこの言葉は含んでいます。いまは好きでもないし、やりたいことでもないとしても、三年後には好きで、やりたい仕事に変わっている可能性は、けっこうあると思うのです。

あわてて結論を出すことはありません。好きでその道に入った職人さんは、たとえば、板前さんでも、一般の仕事とは比べものにならないほど、厳しい修業の毎日を送っています。

しかし、「辞める」などとは口にしない。

もちろん、心も身体も耐え難いというのなら、その仕事から離れたほうがいいでしょう。そうでなかったら、結論はゆっくり、ゆっくり出せばいいのです。

# 一生懸命ことにあたれば、あなたは主役になれる

## 随所《ずいしょ》に主と作《な》れば、立処《りっしょ》皆真なり

### 仕事場にも家庭にも、自分の居場所がない気がする

人が意欲を持って仕事に取り組んだり、楽しく家族と生活を送ったりできるのは、そこに居場所があるからだと思います。仕事をする場に自分の居場所がないと感じていたのでは、落ち着いて仕事をすることもできない。家庭に居場所がなければ、本来ならもっとも寛《くつろ》いでいられるはずのその空間も、居心地の悪いものになってしまうのではないでしょうか。

しかし、自分の居場所は誰かが用意してくれるものではありません。自分でつくるものです。

「随処《ずいしょ》に主と作《な》れば、立処《りっしょ》皆真なり」という禅語があります。禅語の意味するところは、どこまでも深く、また広いのですが、これは、どんな場所にあっても、一生懸命、全力でことにあたれば、その場所で主人公となれる。そして、主人公としてなすことは間違いのないことなのだ、という解釈もできると思います。

仕事の場で主人公になるということは、たしかな居場所があり、しかも、確固たる存在感を持つということでしょう。そこで必要不可欠な存在になっていること、といってもいいですね。

「能力が高い人間、仕事ができる人間なら、居場所も存在感も難なく持てるだろうが、凡庸《ぼんよう》を絵に描いたような自分では、そう簡単にはいかない……」

そんなふうに感じている人がいるかもしれません。しかし、誰にだって得意な分野はあるはずです。だいいち、仕事は超一流、何をやらせても手がけたものはみんな一級品、という高いレベルのオールラウンドプレーヤーは、そうそういるものではありません。

的確にツボを押さえて企画書をまとめるのは、少々、苦手だけれど、人間関係の調整ならお手のもの、という人はその長所を活かせばいいのです。仕事先との交渉が暗礁に乗り上げたときなどに、「そうだ。ここはひとつ彼に御出陣願おう。彼がいるとなぜか雰囲気が和むからね」とお呼びがかかったら、これはもう立派に居場所があることですし、周囲がその存在感を認めていることではありませんか？

「自分が得意なのは接待の座持ちくらいだからなあ」というのなら、接待をまかせたら文句なしの「凄腕」、といわれるようになればいい。何も営業力や企画力にすぐれていることだけが、居場所をつくる道ではないのです。

禅は、すぐれている、劣っている、できる、できない、といった分別はいっさいしません。うまく企画をまとめるのも、上手に接待をこなすのも、等しくすばらしい能力なのです。居場所は必ずつくれます。

## 「愛語」で家庭生活を円滑にする

一方、家庭での居場所ということになると、少し勝手が違うかもしれません。

ヒントになるのは、「愛語」という禅語です。

相手を慈しむ心、思いやる心、を持って語りかける、あったかくてやさしい言葉が愛語です。

「えっ、愛語を使う？　いまさら、家族にそんな言葉なんて、くすぐったくて、とてもとても……」。たしかに、いきなり人が変わったように愛語を繰り出せば、家族は大きな違和感をおぼえ、居場所はさらにつくりにくくなるかもしれません。

しかし、自分に何かをしてくれた家族に対して「ありがとう」の感謝の言葉を伝えることはできるのではないでしょうか。

お茶をいれてくれた、料理をつくってくれた。そんな日常的な家族の行為に率直に感謝する。その言葉も愛語です。それは、まちがいなく、居場所づくりの端緒になります。ぜひ、実践してください。

# どんな風が吹いても、受けとめ受け流す

## 八風吹けども動ぜず、よい風が吹いても有頂天になるな

### 不動心はどうしたら得られるか

どっしりと安定して何があっても揺るがない心。些細なことで一喜一憂しがちなのが人の心ですから、やはり、誰もがそんな「不動心」を自分のものにしたい、と考えているのではないでしょうか。

不動心というと、文字どおり、大地に根を張った大樹の幹のように微動だにしない心というイメージで捉えるかもしれませんが、禅の考え方は少し違います。禅語に「八

風吹けども動ぜず」というものがあります。

八風は八つの風。

「利《り》」「誉《よ》」「称《しょう》」「楽《らく》」「衰《すい》」「毀《き》」「譏《き》」「苦《く》」がそれです。意味は順に「成功をおさめること」「陰でほめること」「表だってほめること」「楽しいこと」「失敗すること」「陰でそしること」「表だってそしること」「苦しいこと」です。

人はみんなこうした八つの風に吹かれながら生きています。人生のそこかしこで、八つの風に吹かれます。吹く風によって思いや感情もさまざまに変化する。たとえば、成功をわがものにすれば得意な気分にもなるし、褒めそやされれば気持ちも高揚するでしょう。

逆に、失敗の憂き目に遭えば落ち込むでしょうし、人からそしりを受けたら怨む気分にもなる。苦しかったらもがいたり、あえいだりもすると思うのです。

しかし、禅語は八つのうちのどんな風が吹いたときも「動ぜず」、いたずらに心を動かされてはいけない、と教えます。

よい風が吹いたからといって、けっして有頂天になるな、悪い風が吹こうと、心を縮込ませるな、というのです。

どんな風が吹いているときも、それを受けとめ、あるいは受け流して、しかも、その風を楽しんでしまうような強く、しなやかな心を持ちなさい、というのが禅の教えだといっていいでしょう。

## そしりの風で、自分を成長させる

それこそが、不動心、周囲に振りまわされることのない心なのだ、と私は思っています。

人にそしられて、それを楽しむというのは、なかなかイメージが湧きにくいと思いますが、こう考えることもできるのではないでしょうか。

そしられることは、自分のいたらなさや欠点に気づかせてくれること、それをあらためていく契機を与えられたことです。ですから、自分を成長させてくれる糧になるのです。

そんな捉え方をしたら、そしりの風もありがたく、どこか楽しく受けとめられるという気がしてきませんか？

ときには、ゆえなきそしりを受けることもあるでしょう。

しかし、それだって、「ははぁ〜ん、世の中にはこんな人間もいるのだな」と捉えれば、人に対する観察眼を磨くよい機会に巡り合ったと考えることもできそうです。人間ウォッチング、とりわけ〝変わった〟人間、〝不可思議〟な人間のウォッチングは、人生経験としてけっこう楽しめるものです。

もちろん、不動心は一朝一夕に自分のものにできるものではありません。さまざまな風を受けながら、ゆっくりと培っていけばいいのです。よい風も、悪い風も、その〝肥料〟なのです。

# いやだいやだといっても、災難はやってくる

## あわてず騒がす、それを受け入れる

### 辛い日々でも、とどまるべきか

「ああ、なんで自分はこんなに辛いめに……」

そう感じるときが人生には何度となくやってきます。みなさんは、どんな状況を辛いと思うのでしょうか。仕事が思うにまかせず停滞してしまったとき、信頼していた人に裏切られたとき、大切な人が病に倒れたとき……。そうそう、理由もわからず恋人にふられてしまったなんていうときも、きっとひとり辛さを噛みしめることになる

のでしょう。

辛い日々にあって思うのは、すぐにでもその状態から抜け出したい、こんな日々は早く過ぎ去ってほしい、ということだと思います。辛い日々はいや、楽しい日々がいい。誰もがそう感じているのでしょう。

しかし、人生は山あり谷ありといわれます。山頂ばかりを歩んでいくことはできないのです。ときには深い谷に落ち込み、そこから必死になって、這い上らなければならないこともある。

それが人生の彩《いろど》りというものです。

それに、山頂ばかりを歩く人生、楽しい日々ばかりの人生だったら、それが当たり前になって、喜びや感動が薄れてしまうと思いませんか？　谷に身を置くこと、つまり、辛い日々を味わうからこそ、そこをくぐり抜けて山頂にいたったとき、喜びも感動もより深いものになるのです。

フレンチのフルコースもたまに食べるから「ああ、旨い！」と心から幸せな気分になれる。毎日、フルコースだったら、「また、これ？　もう、飽きたな」ということになるはずです。粗食を知らないものに美食のなんたるかはわからないのです。

## 良寛さんの言葉

「災難に逢う時節には、災難に逢うがよく候」

良寛さんの言葉です。

いやだ、いやだ、といったところで災難はやってきます。辛い日々も避けることのできない状況としてそこにあるのです。そうであるならば、あわてず騒がず、それを受け入れるのがいい、と良寛さんはいうのです。

受け入れてみると、辛い日々もけっして「耐える」という意味あいだけのものではないことに気づく。

すでにお話ししたように、喜びや感動を深めてくれるものでもあるし、何より、そのときのあなたにしかできない貴重な体験、かけがえのない体験でもあるのです。いつか、必ず、「あの体験があったから、この苦境もラクラク乗り越えられたのだ」という日がやってきます。

辛い日々から得るものは大きいのです。しかも、生きる原動力にじかに結びついている、といってもいいでしょう。

「日日是好日《にちにちこれこうにち》」という禅語がありますが、これは、毎日がよい日だなあ、ということではないのです。

人生には楽しい日もあれば辛い日もある、喜びにあふれる日もあれば悲しみに沈む日もある、幸せを感じる日もあれば怒りがこみあげてくる日もある……。

そのどれもが、その人にとっては大切な日であり、人生に欠かすことのできない日なのだ、というのがこの禅語のいわんとするところなのです。

「そうかあ、辛い日々も悪くはないか！」

そう、その心意気です。

# 他人がしたことは自分がしたことにはならない

## 他は是吾にあらず「他人は他人」、という当たり前を受け入れる

### 相手と自分を比べても、何も始まらない

みなさんも、一度や二度くらいは中学校や高校の同窓会に出たことがあると思います。久しぶりになつかしい顔を見つけて、感慨ひとしおという場面ですが、うれしいことばかりでもないのが、この種の会のやっかいなところです。

「ほら、あいつ、高校時代は目立たないやつだったけれど、いま一流企業の課長だってさ。俺たちの時代の出世頭ってところか、なんだかな……」

「彼女、フードコンサルタントとしてけっこう有名みたいよ。なんでも、今度テレビにも出るんだって……。中学のときはまるでさえなかったのにねぇ」

友人の成功を知るにつけ、心穏やかではいられなくなる。

あせり、妬《ねた》み嫉《そね》み、敗北感、といったさまざまな感情が複雑に絡み合って、胸いっぱいに広がるのです。

こうした構図は日常のいたるところにありそうです。

同僚が大きなプロジェクトのメンバーに抜擢された、後輩が早々とマイホームを買った、隣家が新しい車に買い換えた、親戚の子どもが有名私立小学校に合格した、「いい恋したいな」なんていい合っていた友人にかっこいい恋人ができた、デスクを並べている彼女がブランドバッグを買った……。あげていたら枚挙にいとまがありません。

なぜ、心が騒ぐのかははっきりしています。

相手と自分を比べるからです。

抜擢された同僚と抜擢されなかった自分、マイホームを購入した後輩とまだ購入できない自分、恋人のいる友人といない自分、ブランドバッグを持っている彼女と持っていない自分……。

## ●恋人ができた友人を羨んでも、自分に恋人はできない

比較するから妬みや怨み、悔しさや惨めさ、といった煩悩にとらわれる。

こんな禅語があります。

「他　是吾にあらず」。他人は自分ではないし、他人がしたことは自分がしたことにはならない、という意味です。

この禅語にまつわる道元禅師のエピソードがあります。

中国に渡った道元禅師は、あるとき、炎天下で日よけの笠もかぶらずに、椎茸を干している年老いた禅僧に出会います。なにもそのような老骨にむち打って、大変な作業をすることはないだろう。椎茸干しなどもっと若い僧にやらせればよかろう。そう思った道元禅師は、そのままを老僧に告げます。そのとき、老僧からかえってきたのが、「他　是吾にあらず」だったのです。

そのとき、道元禅師は目を開かれたような心持ちになった、と伝えられていますが、まさしく、人は人、自分は自分、ということが生きる原点なのです。

きわめて当たり前のことなのですが、これが、当たり前すぎてなかなかわからないのが、人間です。

その結果、「俺に比べてあいつは」「彼女はああなのに私は」ということになるのです。抜擢された同僚を妬んでも、自分のスキルが上がるわけではないし、恋人ができた友人を羨んでみても、自分に恋人ができるわけではないのです。

そろそろ比較する心をご破算にして、「他　是吾にあらず」の心で生きてみませんか？　すると、同僚にも、「すごいじゃないか。おめでとう」、友人にも、「よかったわね」がいえる。

そんなあなたは、誰からみても「素敵」な存在になっています。

# 怒りは言葉にせずに、おなかにとどめる

## 怒りを露にするのは、余裕がないことのあらわれ

**怒りの感情が生まれたときも、さわがずゆったりと**

「智に働けば角が立つ。情に棹させば流される。意地を通せば窮屈だ。とかくに人の世は住みにくい」

夏目漱石の『草枕』の冒頭部分ですが、知性、理性で対応すれば他人とぶつかるし、情で他人を慮《おもんぱか》っていると、足元をすくわれる。意地を貫くと窮屈になる。人とかかわり合うこの世の中というものは、なんとも暮らしにくいものだなあ、と明治の文豪

は嘆いています。

漱石の時代より、はるかに人間関係が希薄になり、個人主義も加速している現代は、住みにくい社会といえるかもしれません。美しいはずの日本語も乱れていますから、ちょっとした言葉の行き違いなどで、ムカッ腹が立つことも少なくないのではないでしょうか。

しかし、怒りの感情が湧き上がってきたとき、それをすぐ言葉にしてしまうと、いわなくてもいいことをいってしまうことになります。その後は、「売り言葉に買い言葉」という表現があるように、相手を不快にさせる言葉の応酬になり、その場の空気は最悪のものになりますし、相手との関係にも亀裂が入りかねません。

## 呼吸をする、数を数える

怒りは言葉にせずに、おなかのなかにとどめておくことです。そのためにはやはり呼吸です。言葉が飛び出す前に腹式で大きく呼吸をするのです。文字どおり、ひと呼吸置くわけですが、それで怒りの感情もスーッと静まっていきます。

この方法は洋の東西を問わないようで、西洋にもこんな警句があります。

「腹が立ったら、何かいったり、したりする前に、一〇まで数えよ。それでも怒りがおさまらなかったら、一〇〇まで数えよ。それでもだめなら一〇〇〇まで数えよ」

第三代アメリカ合衆国大統領のトーマス・ジェファーソンの言葉ですが、数を数えるというのは、ひと呼吸置くこととほとんど同義といっていいでしょう。

感情にまかせて、激しい言葉をぶつけたり、行動に出たりするのは、得策ではありませんし、大人の対応としても、ふさわしいとはいえません。

あなたを怒らせた相手と同じレベルに自分を貶《おとし》めること、といってもいいでしょう。

## 自分なりの〝おまじない〟を探す

曹洞宗大本山總持寺の貫首をつとめられた板橋興宗禅師は、呼吸に加えて〝おまじない〟の効果をおっしゃっています。

板橋禅師ご自身は、「ありがとさん、ありがとさん、ありがとさん」と三回唱えるそうですが、みなさんも何か好きな短い言葉を用意しておいて、禅師に倣《なら》ったらいいかがでしょう。

おなかにとどめた怒りは自然に消えていくものですが、それでもどこかモヤモヤするという人は、身体を動かすといいと思います。軽いストレッチをするのもいいし、すこし走ってみるというのでもいい。

身体を動かすと酸素がたくさん必要になって、新鮮な空気が体内に取り込まれます。最後に大きく深呼吸でもすれば、怒り消滅作戦は終了です。

怒りを露にするのは、心に余裕がないことのあらわれ。怒りを上手に消し去って、ゆとりの心で生きましょう。

# もし命が今日限りなら、あなたは何をするだろうか

## 一歩踏み出すのか、とどまるのか

### その行動が正しいのか、禅の基準とは

現状から一歩踏み出したいと考えている人は少なくないと思います。転職して新天地でもっとやりがいのある仕事をしたいということもあるでしょうし、起業して自分のアイディアなり、企画なりを世に問うてみたいということもあるでしょう。

プライベートの場面では、現在おつきあいしている恋人がいるのだけれど、最近気になる人があらわれた。新しい恋を選ぶべきかどうか迷っている、なんてこともある

かもしれません。

禅の本分は実践にありますから、すぐに行動に移し、一歩踏み出すべきだというのが原則ですが、それは、現状で精いっぱいやっているという前提があって、はじめていえることです。

「いまの仕事はあんまりやる気がしないし、あっちの仕事のほうがよさそうだ」

「いまの恋人にはない魅力があって新鮮な感じがするから、とりあえず、彼（彼女）とつきあってみようかな」

そんな感覚で一歩を踏み出すのは、やはり安易に過ぎるという気がします。いってみれば、単なる〝目移り〟ですから、踏み出してはみたものの、「こんなはずではなかった」ということになる可能性が高いのではないでしょうか。

## スティーブ・ジョブズと禅

とはいっても、いまいる場所で自分が精いっぱいを尽くしているのかどうか、判断するのはなかなか難しいことはたしかです。アップルコンピュータ（現・アップル）の創業者のひとりであるスティーブ・ジョブズが、曹洞宗の乙川弘文《おとがわこうぶん》師と出会い、禅の影響を強く受けたことはよく知られていますが、そのジョブズのこんな逸話が伝わっています。

彼は、毎朝鏡に向かって、こう問い続けたというのです。

「もし、今日が人生最後の日だとしても、いまからやろうとしていることをやるだろうか」

命の期限が今日一日しかないとしたら、何がいちばん大切なのかが見えてくる。そして、そのことに精いっぱい、自分のありったけを尽くそうと思えるのではないでしょうか。

毎日を最後だとして生きる。

禅の考え方に基づいたジョブズのそんな生き方は、深い示唆に富んでいるという気がします。

## 「精進」する、仏語としてのほんとうの意味

一歩踏み出そうと考えたとき、それが自分が精いっぱいに生きることにつながるのかどうか、今日で命が尽きるとしたら、踏み出すのか、踏みとどまってそこで全力を尽くすのか、を問いかけてみることは必要でしょう。

そうしたら、どちらを選択したにしても、後悔が残ることはないのではないか、と思います。

「精進」という言葉はみなさん知っていると思いますが、もともとこれは仏語です。仏教の修行には「六波羅蜜《ろくはらみつ》」という大切な実践項目があるのですが、そのひとつが「精進波羅蜜」。大事なことを、毎日、怠ることなく精いっぱいやり続ける、というのがその意味です。

踏み出すにしろ、とどまるにしろ、そこに精いっぱいの自分がいることこそ大事。それを忘れないでください。

# 真理はそのまま、受けとっておけばいい

## 失敗をいつまでも悔やんでしまうときは

### ●過去の失敗に対して、できることはたったひとつだけ

「あのとき、あっちの方法をとっていたら……」

過去の失敗を思い、悔やむということは誰にでもあります。人生には大小はともかく、いくつとなく岐路があり、人はそのつど何らかの選択をしています。当然、それがよい結果に結びつかないことも、いくらだってあるのです。

頭ではそれをわかっていても、ついつい、悔やんでしまう。それが人間なのかもし

れません。

私もときどき、失敗を嘆く声を聞くことがありますが、そのときはこんなふうにいうことにしています。

「悔やんだり、嘆いたりして、その結果を変えられるのなら、おおいに悔やんでください。嘆いてください。しかし、過去のことはどんなに悔やもうが、嘆こうが、けっして変わることはないのではありませんか？」

過ぎ去ったことは変えられない。

これは永遠不変の真理です。真理はそのまま受けとるしかないし、受けとっておけばいいのです。そのことに、ぜひ、気づいてください。悔やまれる過去の失敗について、やるべきことはひとつだけです。

その失敗の原因はどこにあったのかをきちんと究明する。

仕事の失敗なら、準備不足だったのか、手順が悪かったのか、こちらの詰めが足りなかったのか、交渉のしかたに問題があったのか……など、失敗の要因となったものを洗い出しておくことです。

「轍《てつ》を踏む」という言葉がありますが、同じ失敗を繰り返さないためには、この作業が必要不可欠。

それによって、過去は（悔やむことによって）心を縛るものではなく、前向きの心で次に活かせるものに変わるのです。

## ●絶対の真理は、いまにある

将来への不安も同じです。「これから先のことを考えると不安でたまらない」という人がいますが、将来のことに不安を抱き、心配してどうなるのでしょうか。

たとえば、いまはリストラの対象になったらどうしよう、という不安があるという人が少なくないようですが、その時点ではリストラされてはいないわけでしょう。「而今《にこん》」という禅語があります。絶対の真理はいまにあり、いま生きていることが何より大切なのだ。

いま、やるべきことをやりなさい、というのがこの禅語の意味です。

いまやるべきことは、リストラされるかもしれない、と不安がることではないはずです。いま、その瞬間にできることをする。それしかありません。

いたずらに不安に心がとらわれていたら、仕事に向かっていても、心ここにあらずになって、集中することはできませんし、その結果、ミスにもつながりかねません。そのことを理由に、ほんとうにリストラの対象にされることだってあるかもしれない。不安がリストラをわざわざ引き寄せている、という皮肉な構図です。

過去を悔やむことも、将来を不安に思うことも、心を縛り、窮屈にするだけです。そこから離れたら、心にゆとりが生まれる。どんな状況でもゆったりとした心で生きられるのです。

# この世に生を享けたものは、必ず死にます

親死に、子死に、孫死に――一休禅師の言葉

## 失った人を忘れられない

悲しみのなかでももっとも深いそれは、大切な人を失うということではないでしょうか。

両親や配偶者、子ども、きょうだいなど、身近な人の死はときに耐え難いほどの衝撃をもたらします。しかし、この世に生を享けたものは、ひとつの例外もなく、必ず死ぬのです。

一休宗純禅師がよく書いたとされるこんな言葉があります。

「親死に、子死に、孫死に」

一休さんは「めでたい言葉」を求められて、こうしるしたといわれますが、誰もが死から逃れられないのだから、親、子、孫という〝当たり前〟の順番で逝くことがめでたいことなのだ、ということでしょう。

その意味からすれば、子どもを亡くした親の悲しみはいちだんと深いのだと思います。実際、子どもの死をいつまでも受け入れられず、守れなかった自分を責め続け、納骨さえできない親もいると聞きます。

「生死事大《しょうじじだい》」という禅語がありますが、その意味は、生とは何か、死とは何か、それを明らかにし、いかに生きるべきか、死をどう受け入れたらいいのか、を探究していくことが、仏教者としてもっとも大切な修行なのだ、ということです。

死を受け入れることは仏の道を行く者にとっても、永遠の課題だといえるかもしれません。

## ●失った人を、自分の心のなかで生かし続けること

仏教にはまた、「定命《じょうみょう》」という考え方があります。誰も知ることはできないものですが、人はあらかじめ定まった命を持って生まれてくるのであって、生が滅するのはその定命が尽きたときだ、というものです。

長くても、短くても、それは人間の手の及ばないもの（宇宙の真理）によって決められているのですから、自然に受け入れるほかはないということでしょう。もちろん、誰かに責任を問うべきものなどではありません。

大切な人を失ったとき、もっとも大事なのはその人を自分の心のなかで生かし続けていくことだ、と私は思っています。亡くなった人にとっても、それがいちばんの供養になるのではないか、という気がします。

たとえば、自分が生きていくなかのさまざまな節目で、その人のことを思う。

「ここでの決断がこれからの人生を大きく左右するな。こんなとき、親父だったらどんなふうに考えるんだろうか」

「母さんは何があっても、おおらかにふるまっていた。この頃、ちょっとギスギスし

すぎていたかな。いけない、いけない。これじゃ、母さんに叱られるぞ」

もちろん、最終的にものごとを判断したり、決めたりするのは自分自身です。亡くなった人は、いつでも心を開いて語り合える相談相手といったところでしょうか。

亡くなった人を思うことと思い出に縛られることとは違います。

前者は、亡くなった人の生きざまや考え方、感じ方……を生きる〝知恵〟として自分のなかで引き継いでいくこと。後者は、いつまでも悲しみの淵にいて、心がそこにとどまってしまうこと、といってもいいかもしれません。

「いますがごとく」という言葉があります。実際はいないのですが、そこにいるように感じられるということです。

そのような存在として、心に寄り添ってくれる。失った人とそんなふうに〝共に生きて〟いってください。

# 第三章

# とらわれない

## ――無心に、そしてあるがままに

# あせらずに急ぐ、優先事項を判断する

## 禅の根本理念は、即実践

### 後まわしにはしないこと

現代のビジネスシーンはめまぐるしく動いています。じっくりひとつの仕事を手がけるという感覚では、到底、そのスピードについていけない。

「なんだか、気持ちばかりがあせって……」

いつもそんな思いを抱えながら仕事をしている人は、けっして少なくないはずです。

仕事はためないで処理する。

やはり、これが原則です。時間がかかる仕事に取り組んでいる最中に、ちょっとした仕事が入り込んでくるということがあります。こちらはほんの数分ですんでしまうのに、そのとき取り組んでいる仕事を中断するのは効率がよくないような気がして、後まわしにしてしまう。

その結果、何が起こるか。

後まわしにした仕事の、たとえば、提出しなければいけない文書が書類の山に埋もれてしまい、行方不明となる。その仕事そのものをうっかり忘れてしまうということもあるかもしれません。そして、

「おい、あの文書を提出していないのは○○君だけだぞ。しっかりしてくれよ！」

上司からそんな叱責を受けたりすることになりかねないのです。結局、あなたの後まわしが、課や部全体の仕事の停滞につながることになる。

繰り返しになりますが、禅の根本理念は即実践です。

手早く片づけられる仕事はその場で処理するのがいいのです。ただし、〝手早く片づけられる〟仕事の判定基準には個人差があると思います。目安はそのとき取り組ん

でいる仕事を継続する妨げにならない時間で処理できるもの、ということになるでしょうか。

たとえば、五分ですむ仕事なら、その五分間中断しても、取り組んでいる仕事はそれまでの流れですすめられる、ということなら、それは〝手早く片づけられる〟と判定する。もちろん、三〇分程度なら流れに支障をきたさないという場合は、それも〝手早く片づけられる〟にカウントします。

## ●多忙な禅僧である私の場合

一方、ほかの仕事に一〇分でも、二〇分でも費やしてしまうと、取り組んでいる仕事が流れがいったん止まってしまって、再度、とりかかるときには少し前に戻って確認することが必要になる、といった場合は、〝手早く片づけられる〟からは除外します。

除外したものはパソコンに「未処理」のフォルダをつくって、そこに「領収証の処理」などの名称をつけて放り込んでおけば、あとでチェックできますから、うっかり失念、ということも起こりません。

このような判定基準で仕事を分類すると、仕事の流れに支障をきたすこともないし、気忙しい思いをすることもありません。

私の場合をいえば、寺の仕事、大学の仕事、執筆の仕事、庭園デザインの仕事など、さまざまな案件をかかえていますが、デザインの仕事をしているときなども、メールの返信は受信したその場で処理してしまいます。

一方、本の校正のチェックなどは「未処理」として、デザインの仕事が一段落してから、とりかかるようにしています。

みなさんもこの分類法を、ぜひ、「即実践」してみてください。

# 挨拶・食事、できることから家族を始める

「露《ろ》堂《どう》々《どう》」の心で接する

**家庭がいちばん安らげる場所のはず**

かつて、日本の家族は三世代の同居が一般的でした。それがいまは核家族化され、子ども世代の多くは少しでも早く親元から離れてひとり暮らしをしたい、と願っているとも聞きます。

親子二世代がひとつ屋根の下に暮らしていても、おたがいが必要最小限のこと以外は〝干渉せず〟の姿勢で、ロクに会話も交わさないということも珍しいことではない

ようです。

たしかに、父親はほとんどのウエイトを仕事に置いた生活ですし、母親は子ども中心で夫は眼中になし、子どもは子どもで、塾やら習い事やら、ゲームやら……で忙しい時間を送っています。

一家団欒、家族間の密なコミュニケーションといった、心安らぐ牧歌的風景も、いまは昔の感。この時代には、現実問題としてそれはなかなか難しい、というのが実情ということなのかもしれません。

しかし、「一歩外に出たら七人の敵がいる」という言葉が示すように、仕事を中心とした社会的な活動は厳しいのが常です。

人間関係に神経をすり減らしたり、仕事の躓《つまず》きで精神的なダメージを受けたり、と心に負担がかかることが数多くあります。心を癒す場としての家庭、それを構成する家族の存在は、この時代にあってさらに大きな意味を持ってくる、といえるのではないでしょうか。

## まず、家族のために何かを始めることです

禅語に「露堂々《ろどうどう》」というものがあります。いっさいとりつくろったり、隠したりすることなく、ありのままがあらわれている、という意味。本来はそれぞれが、この露堂々でかかわり合うのが家族なのです。

外に出たら、誰もが社会的な立場や役割を意識しないではいられません。部下と上司という関係なら、部下は部下としての、上司は上司としての、「顔」や「ふるまい」をすることになります。

社会的な生活では露堂々ではなく、露を抑え込んでいる状態が続いているのです。心はそのなかで、窮屈に感じたり、荒んだり、息苦しくなったり、しているはず。ときどきはそこから解き放つ時間を持たないと、心だって悲鳴を上げます。

家族との露堂々の関係。それを取り戻すのがいちばんでしょう。もっともよいのは週に一度なら一度、曜日を決めて、家族全員がそろって食事をする習慣を持つこと。それを家族のルールにするのです。一緒に食卓を囲めば、誰からともなしに「最近、どうしている?」といった話が出ると思いますし、家族間の心の交流ができてきます。

できれば、子どもが小さい時期から習慣化して、その曜日になると、食卓には家族全員の食事が並び、次々に家族が顔をそろえるようになる、というかたちをつくってしまうのが望ましいと思います。

それぞれが忙しいといっても、「わが家のルール」として定着していれば、いくらだって時間のやりくりはできるものです。

それが難しければ、まず、家族間の挨拶から始めてみてはいかがでしょう。「おはよう」「ただいま」「おかえり」「おやすみ」。この四つの挨拶は必ずする。

あなたから率先しておこなえば、家族もしだいに〝呼応〟してくれるようになりますよ、きっと。座していては何も起こりません。動くことです。できることから始めてください。

# 良縁を持って一日を始める

## 一日は、すべて朝にかかっている

### 朝の時間の過ごし方を変える

時間を有効に使うにはスケジュールの管理が必要です。私の場合は、本来の住職としての仕事のほかに、庭園デザインの仕事、大学での授業、執筆、講演などと多岐にわたっていますから、スケジュール帳が不可欠です。

私が使っているのはパソコンのスケジュール帳ですが、これをスタッフ全員が共有しています。

まず、予定として入れるのは動かせない寺の年中行事。お彼岸やお盆、お釈迦様が生まれた日を祝う「花まつり」(降誕会)、悟りを開かれた「成道会」、そして、亡くなられた日におこなう「涅槃会」、道元禅師の誕生日におこなう「高祖降誕会」、瑩山禅師の誕生日におこなう「太祖降誕会」などがこれにあたります。

その後、私が把握している仕事の予定を加え、あとは仕事のオファーを受けたスタッフが、空いている日に次々に予定を書き込んでいきます。

当然、私も毎日チェックしますが、いつも「えっ、もう、こんなに埋まっているの！」という状態です。

スケジュール帳を共有することで、私が外出していても、スタッフには空いている日がわかりますから、急な仕事の依頼にもすぐに対応できますし、ダブルブッキングも起こりません。また、事前の準備が必要な講演などの前には予定を入れない、というスケジュール調整もできるわけです。

この「枡野流」はみなさんにはあまり参考にはならないかもしれませんが、パソコンのスケジュール帳は使う価値はあります。たとえば、朝、出勤前にパソコンを立ち上げて、スケジュールを確認するようにするのです。

起き抜けに寝ぼけまなこをこすりながらでは、確認はできませんから、早めに起きて確認するための態勢を整えることが必要になります。態勢づくりはそれぞれだと思いますが、少なくとも、多少はクリアな頭で臨むことになるでしょうから、それまで身支度もそこそこに、家を飛び出していたという人も、洗顔をして、お茶やコーヒーを飲むくらいのことはするでしょう。

スケジュールを確認する時間を設定することで、朝の時間帯の過ごし方、行動が変わるのです。ここが大事なところです。

私は常々いっているのですが、どのような一日を過ごすかは、朝にかかっているといっていいのです。

## ●「良縁」を大事に一日をスタートさせる

朝はその日一日のスタートです。出社時間ギリギリまで寝ていて、バタバタとせわしない朝から始まった一日は、時間に追われる感覚から抜けきれず、ただただ、スケジュールをこなすことで終わってしまいがちです。

十分な準備をして仕事にあたることができませんし、仕事に工夫やアイディアを盛り込む余裕がないのです。

しかし、スケジュールの確認をしてから臨む一日は、確認自体が頭のウォーミングアップになりますし、精神的な余裕もありますから、自信を持って主体的に仕事に取り組むことができます。

仏教では「縁」ということを大事にします。いったんよい縁を結ぶと、その連鎖が起き、次々に良縁がもたらされる。逆に悪い縁を結んでしまうと、悪縁が連鎖すると考えるのです。

朝のスケジュール確認は、良縁を持って一日を始めるということにほかなりません。そこからよい縁が連なっていく。あなたも、ぜひ、身をもってそのことを体感してください。

# 自分ですべてやろうとしない

## あなたにしかできないことに全力を傾ける

### ●他人に仕事をまかせるのは、じつは難しいこと

与えられた仕事は責任を持って自力で仕上げる。仕事に対する基本姿勢がそこにあることはいうまでもありません。チームとして仕事をする場合も、ひとりひとりがその自覚を持って、自分の持ち場で全力を投入する。それが相乗効果を生み、大きな成果にもつながっていきます。

しかし、仕事は個人個人がしのぎを削る、激しい競争の場でもありますから、他人

より少しでも多く仕事をこなしたいという思いを、誰もが持っていることもたしかでしょう。そこで、ときには自分ひとりで仕事を抱え込むということになったりする。他人に仕事をまかせるのは、案外、難しいことなのです。

「そうそう、うちの部署にも何から何まで全部自分でやろうとするタイプがいる。誰かにまかせると、自分の能力を低く見られるとでも思うのかな？」

頷いている人も多いのではないでしょうか。仕事をたくさん抱え込み、自分自身を叱咤激励して、やりおおせるならいいのです。しかし、体力や気力も含めて、能力にはキャパシティというものがあります。それを超えた仕事は気合いやがんばりだけではどうにもならない。結果的にニッチもサッチもいかなくなって、立ち往生することになったりするのです。

その段になって、助け船を求めても、周囲はなかなか応じてくれるものではありません。

「どうせ、あの人はひとりでやらないと気がすまないのだから、こちらの出る幕なんかないでしょうよ」ということになるのがオチです。

## ●花はなんの作為もなく、その命をまっとうして咲いている

こんな禅語があります。

「花無心招蝶、蝶無心尋花（はなむしんにしてちょうをまねき、ちょうむしんにしてはなをたずぬ）」

良寛さんの言葉です。

花はなんの作為もなく、その命をまっとうして花を咲かせている。蝶は自然に花をたずねて蜜を吸い、命いっぱいに生きている。それぞれが無心に生ききっていながら、花は蝶を招き寄せて蜜を与え、蝶は花から蜜をもらって花粉を運んでいる。言葉の意味はそんなことだと思います。

大自然のなかで、巧まずしておたがいがおたがいを生かし合っている姿です。上司と部下、先輩と後輩、同僚同士、といった仕事のかかわりのなかでも、このように、自分が誰かを生かし、誰かに自分が生かされる、という状況はつくれるのではないか、と私は思っています。

「企画書のラフがやっとまとまったのだが、知ってのとおり、パソコンが苦手でね。

力を貸してくれないか」

企画力にすぐれた人はその能力を十二分に生かし、そのうえで、パソコンの技術に秀でた人に生かされる。

もちろん、逆の場面もあるでしょう。そんなふうに人と、また、仕事とかかわるほうが、自分ひとりで抱え込むより、ずっと風通しがよく、気持ちもさわやかになると思いませんか?

さあ、「共生（ともいき）」を早速、実践しましょう!

# 結果が同じでも、一生懸命やった人は「気づいている」

## すぐに結果に結びつかなくとも、あせらない

### ばか正直で、いい

ものごとに一生懸命に取り組む。それが望ましい生き方だということは誰でも知っています。

しかし、結果は別物です。一生懸命に取り組んだら、必ず、よい結果が出るというわけではないのです。

そこで、ふと疑問が湧きます。

「ほんとうに一生懸命やったのだけど、うまくいかなかった。こんなことなら、一生懸命やってもしかたがないのかな？」

精魂込めて仕事に打ち込んだ結果が、思うようなものにならず、上司から評価されるどころか、叱責を受けてしまったとき、一生懸命やることをバカらしく感じることがあるかもしれません。

足が棒になるまで営業に歩いた自分の売上が、会社を一歩出たら「さあ、喫茶店で休むとするか」という同僚の売上と同じだったとしたら、「一生懸命になんて、とてもやっていられない！」となるのが、正直、人の思いというものでしょう。

しかし、たとえ目に見える結果は同じでも、一生懸命にやった人とちゃらんぽらんにしか取り組まなかった人は、決定的に違うのです。

何が違うのか。

「気づき」が違うのです。

一生懸命にやった人は、結果が失敗に終わったとしても、いくつもの気づきがあります。

営業を例にとれば、顧客を訪問するタイミングを誤った、相手を説得する資料が不足していた、商品をアピールするツボを押さえていなかった……。そんな反省点がはっきり見えてくるのです。それがスキルアップや知恵を培うことにつながるのは、いうまでもありません。

もちろん、ちゃらんぽらんにはこうした気づきはありません。ただ、売上が上がらなかったという数値的な結果が残るだけです。そして、また、同じことの繰り返しになる。営業のスキルが向上することも、知恵が身についていくということもなく、いつまでも売上の低空飛行が続くのです。

## どんな「一生懸命」でも、自分を磨いていくことになる

結果はさて措いて、なにごとにも一生懸命につとめることです。一生懸命を〝見くびって〟はいけません。「香厳撃竹《きょうげんげきちく》」という禅語があります。

香厳和尚というのは中国の唐代に生きた禅僧。経典や書物をいくら読んでも、師か

ら与えられた公案の答えが見つからず、いっさいの書物を焼き捨て、尊敬する禅僧の墓の近くに庵を結んで、墓守をした人です。

香厳和尚はくる日もくる日も、ひたすら一生懸命に墓の掃除を続けます。そんなあるとき、掃いていた箒が瓦のかけらを跳ね飛ばし、それが竹にあたって音を立てます。その音で香厳和尚は悟るのです。

その逸話に由来するこの禅語は、ひたすら一生懸命にものごとをやり続けることの大切さ、意味深さを教えています。

すぐには結果に結びつかない「一生懸命」はあるでしょう。しかし、自分を磨いてくれない「一生懸命」はないのです。さあ、それでも一生懸命にやることはバカらしいですか?

# 「諦める」ことは、「明める」こと

もう一度、粘ってみてください

## 百尺竿頭に一歩を進む

「あきらめる」ということについて考えてみましょう。

この言葉はよくこんなふうに使われます。

「あの人はあきらめが悪いからね」

いつまでもそこにとどまっている、何かにこだわっている、とらわれている、という意味。イメージとしてはけっしてよいものではありません。

きれいさっぱりとあきらめたほうが、潔いし、軽やかな生き方でもあるというのが一般的な考え方かもしれません。たしかに、どんなに粘ってもできないことはあるでしょう。

しかし、周囲の誰からもできないと思われていたことを、やってのけるのも、また、粘り強さなのです。

「百尺竿頭進一歩（百尺竿頭に一歩を進む）」

『無門関』という書物に出てくる禅語です。

百尺というのですから約三〇メートルもの竿の先に達していても、そこから一歩を進めよ、という意味ですね。百尺の竿頭とは高い悟りの境地のこと。その境地にあってもそこで満足することなく、さらに高みを求めて一歩を踏み出しなさい、とこの禅語はいっているのです。

竿の先から一歩を進めれば、そこに足場はありませんから、命を落とすかもしれない。それでもなお進むことが大切なのだ、というわけです。

努力もした、力も尽くした。もう、あきらめても誰も文句はいわない状況です。しかし、そこからのひと踏ん張りにこそ意味がある。

立ちはだかる壁や困難を乗りきれるかどうかは、じつはその一歩にかかっているのだ。禅語をそんなふうに解釈することもできるのではないでしょうか。

## あきらめが悪い人に、なってみる

あきらめるは、「諦める」、つまりギブアップすることだと考えていると思いますが、一方では、「明《あきら》める」ことでもあるのです。明めるとは、「ものごとを明らかにする」ということですね。

さて、この諦めると明めるですが、こう考えたらどうでしょう。

何かことにあたっては、まず、それができるかできないかを明らかにする。そのためには一心に取り組んでみることが必要でしょう。

心を込めてことにあたらなければ、できる、できない、が明らかになるはずはありません。

そして、粘りに粘って（百尺の竿頭に一歩を進めて）、できないことがほんとうに明らかになったら、そこではじめて諦める方向に舵をきるのです。やりもしないで、「そんなのできっこない」というのは、百尺の竿を前に上る前から怖じ気づいて、尻込みしているようなものです。

できるだけのことはやったうえで、あきらめるときには、そこからの打開策が見えてくるものです。

自分の力だけではできないにしても、こんな知識を持っている人の助けを借りれば、こんな技術を持っている人と組めば、必ず、できるということがわかってくるのです。不可能と思えたことが可能になる。

いかがですか、あきらめが悪いのも捨てたものではないと思いませんか？　あっさりあきらめるのは潔く見えるかもしれませんが、生き方として厚みがない。

あきらめが悪いほうが、ずっと、重厚で丁寧な生き方です。

# 困難を、活かす

## 困難から少し距離を置いて眺めてみる

### ●困難を克服する発想、それが生きていくこと

日々、生きているうちには、困難な課題ややっかいな問題に何度となく遭遇することになるでしょう。

それを乗り越えていくのが、すなわち、しっかり生きていくということといってもいいかもしれませんね。

「そうはいうけれど、困難にぶつかると心が竦《すく》んでしまって、うまく対応することが

できない」

たしかに、困難ややっかいごとは心の負担になります。ときにはそれに押しつぶされそうになることもないとはいえません。

しかし、禅ではこう考えます。マイナスをプラスに転じる。困難ややっかいごとなどのマイナス要因は、それを克服しようとするとなかなかに大変です。

そうではなくて、マイナス要因を活かすことを考える。これが禅的な発想、困難を逆手にとる発想なのです。私にもこんな経験があります。東京、渋谷にあるホテル「セルリアンタワー東急ホテル」の庭のデザインをしたときのことです。

平らなスペースなら、どのようなデザインにもできるのですが、庭をつくるように依頼されたスペースは斜面になっていたのです。ロビーのラウンジから望む庭だったのですが、斜面だと迫ってくるような圧迫感がある。あきらかにスペースの形状はマイナス要因、やっかいな状況です。

ここで、迫ってくる圧迫感をどうにかして和らげようと考えるのは、克服しようとする発想です。

しかし、私はそれを活かそうと考えました。迫ってきても、圧迫感を与えるのではなく、逆に心を落ち着かせるようなものは何かないだろうか？

「そうだ、波だ！」

浜に寄せてくる穏やかな波は、迫ってはきても、けっして圧迫感は感じさせません。それどころか、心を安らかにしてくれます。

最終的には斜面をそのまま活かして、上から徐々に波がロビーのラウンジに向かって寄せてくるイメージの庭をデザインしたのでした。

マイナス要因ばかりに見える困難ややっかいごとのなかにも、プラスに転じることができる要素はあるはずです。

そこに気づかないのは、困難な状況をつくっているもの、やっかいごとの原因になっているもの、にとらわれすぎるからだと思います。

## ものごとを見るときは大きな目で、行動するときは小さなところから

人は、困難な状況をつくっている原因に対して、「それさえなければ……」と考えるわけです。そして、それがあることを理由にして困難ややっかいごとに立ち向かうことを避けてしまう。

古代中国の思想家である荀子《じゅんし》の言葉にこんなものがあります。

「着眼大局、着手小局」

ものごとを見るときは大所高所から全体を見渡し、行動するときには確実にできる小さなことから始める、という意味です。

庭のデザインの場合は、「場を読む」とか「地心を読む」という言い方をしますが、まず、その敷地、スペースのプラス要因もマイナス要因も含めて、全体を俯瞰《ふかん》的に捉えます。それがマイナス要因をプラスに転じる、つまり、逆手にとる発想の出発点かもしれません。困難、やっかいごとに出合ったら、少し距離を置いて、そのことの全体を眺めてみてください。

必ず、転じる糸口が見つかります。

# あわてずゆっくり仕事をするための、締切り

## いつも余裕をもっている人の行動とは

### 明日、ご葬儀が入るかもしれない

「そろそろ本気でとりかからなくちゃ大変だぞ。締切りが迫ってきた」

みなさんも口にしたことがある台詞《せりふ》だと思います。

締切りまで十分な時間があっても、いえ、時間があるから逆に、なかなかとりかかかれないのが人間の常。「まあ、明日からやれば間に合うし……」ということになるわけです。そして、締切りギリギリになって、お尻に火がついてから、あせって取り組

むというのがお決まりのパターンでしょう。

私は住職ですから、事情がずいぶん違います。ご葬儀の予定がいつ入るかわからないからです。たとえば、締切りにギリギリで間に合うペースで執筆の仕事をすすめていて、突然ご葬儀が入ったら、その時点で締切りを守れないことが確定します。

「明日からやれば」は通用しません。その日がご葬儀になれば、仕事をするはずだった明日はなくなってしまう。ですから、締切りの何日か前には仕上げるペースで仕事のすすめ方を考える必要があるのです。

## 締切りを楽しみに変える

この禅僧的締切りの考え方を、みなさんも取り入れられてはいかがでしょうか。

自分のなかで締切りを前倒しにして設定しておけば、何か突発的な仕事が割り込んできても、難なく対応できます。割り込みがなければ、締切り前に仕事が終わって、心が軽くなる。締切りの前日に心が重くなって、胃が痛くなるような思いをしながら、仕事に縛られるのとは、まさしく雲泥の差です。

ご褒美作戦というのもあります。締切り前に自分が大好きなことをする予定を入れてしまうのです。たとえば、少し休みを取って旅行に出かける。列車や飛行機のチケットをとり、宿を予約したら、もう、出発日は変えられません。何がなんでもその日に間に合うように仕事を終えるしかなくなります。そうはいっても、待っているのは大好きな旅行、これ以上ないご褒美ですから、モチベーションもグッと高まるはずですし、通常の締切りとは違って、追われるような感覚にはならないと思うのです。

生活にはメリハリが必要だといわれますが、こんなふうに仕事に取り組むと、自然にそれができます。仕事にも一生懸命になれるし、それを早めに終えたら、楽しむことにも一生懸命になれます。

さらに、周囲からはこんな声があがることになる。

「こっちは締切りまぎわに四苦八苦しているのに、あの人はいつも余裕で仕事をしているよね」

あわてず、ゆったりと仕事をこなし、人生を楽しんでいる姿は、羨望の的です。

# 急がず騒がず、相手の機先を制する

## 禅的行動を、仕事にも活かす

### 日本人だからこそできる、先への手の打ち方

会議でもプレゼンテーションでも、結論を先にいうのがビジネストークの原則とされているそうです。

欧米人、とくにアメリカ人は小さい頃からディベートなどの練習を積んでいて、このあたりは巧みなようですが、その点、日本人は分が悪い。長々と話しているわりには、なかなか結論にたどり着かない、といった話し方になっている人が少なくないの

ではないでしょうか。

結論を先に示すことは、機先を制することにもつながっています。しかし、日本人にも、日本人にふさわしい機先を制する方法がある気がするのです。

「挨拶」がもともとは禅語だということをご存じでしょうか。

「挨」と「拶」、この二つの字はともに「押し合う」という意味です。「拶」には「せまる」という意味もあります。

ポンと相手に言葉をかけ、それにどんな言葉が返ってくるかで、相手がどのくらいの悟りの境地に達しているか、どんな心境にあるかをはかる。

おたがいに言葉で押し合う、いわゆる禅問答ですが、それが元来、挨拶の意味するところだったのです。

いまは挨拶といえば、顔を合わせたときや別れるときに、おたがいが交わし合う儀礼的なものになっていますが、コミュニケーションということを考えれば、それはまず挨拶から始まります。

そのことが案外忘れられ、挨拶がおざなりになっている。そんな気がしてなりません。

「おはよっす」「(こん) ちは」「じゃあね」……。

そんな挨拶が飛び交っています。思いあたるフシがある人も少なくないでしょう。

対話の端緒を開く言葉としては、いかにも不適切、軽んじられた表現だと思いませんか？

## 挨拶を大事にすること

挨拶は相手の機先を制する〝武器〟にもなるのに、ああ、もったいない、もったいない！　たとえば、こんな挨拶をしたらどうでしょうか。事前に相手の情報を少し仕入れておいて、それを挨拶に盛り込むのです。

仕事で実績を挙げたという情報を得たら、

「おはようございます。いいお仕事をなさいましたね」。

出会い頭にそんな言葉をかけられたら、相手は面食らうと同時にうれしくなることでしょう。自分の実績など知らないと思っていた相手が、それを知ってくれていて、しかも、真っ先にそれに対する褒め言葉を伝えてくれたのですから、気分もテンションも急上昇は間違いなし、です。

こちらに対する好感度もうなぎ上りとなり、その後の話はこちらのいうことをできるかぎり受け入れようという流れですすむはずです。

これって、まさに機先を制したことになりませんか？

前の週に相手が出張に出ていたということなら、

「おはようございます。ご出張、お疲れになりませんでしたか？」

と労いの言葉を挨拶に重ねる。一本先取です。

挨拶が持っている力は、みなさんが想像する以上に大きいのです。日本人は昔から世界に類を見ないほど礼儀正しく、また、礼儀を重んじる民族です。

挨拶で機先を制するこの方法、もっとも日本人らしい、日本人にふさわしい、と思うのですが、いかがでしょうか。

# 相手の成功を素直に真正面から受けとめること

## ライバル心など、所詮幻のようなもの

### 仕事の結果はそのときの自分の在り様、唯一無二

よきライバルの存在は自分を駆り立て、向上させる原動力になるともいわれます。ここで少しライバルについて話をしたいと思うのですが、その前に自分の内にある「ライバル心」とでもいうようなものについて触れておきましょう。

〝内なるライバル心〟というのは次のようなことです。

自分がした仕事が高い評価を受けることがあります。一般の会社でいったら、「社

長賞の金一封」をいただくといったケースですね。それは誇らしいことですし、自信にもなりますが、ともすると、心にのしかかるプレッシャーにもなるのです。

「せっかく認めてもらえたのだから、次はもっとすばらしい仕事をしなくては……」

そう考えて、評価を得た仕事を超える成果を出さなければいけない、と自分を追い込んでしまう。

これが私のいう〝内なるライバル心〟です。自分の成功例を基準にして、「もっとよい結果を……」「あの仕事を超えなければ……」というのは執着です。それが怖いのは、へたをするとその執着心に負けて、自分がつぶれてしまうことにだってなりかねないからです。

私もデザインした庭に高い評価をいただくことがありますが、次の仕事でそれを超えなければと考えることはありません。私にとってはデザインのひとつひとつが、それで〝絶対〟のもので、他の作品と優劣を競うものではないのです。前の作品も絶対、次の作品も絶対です。

「一月在天影印衆水（いちげつてんにあり、かげしゅうすいにいんす）」という禅語があります。

天上に煌めく月の影はいたるところの水に映し出され、そこに真理が余すところなく現じている、といった意味です。禅ではしばしば月を真理に喩えるのです。

さまざまな水に映し出された月の影は、すべてが真理のあらわれです。こちらの水の影があちらの影より、より深い真理だなどということはありません。仕事も精いっぱいやったものなら、評価とはかかわりなく、そのときどきの自分の在り様がそこに反映されているのです。

そのことに気づいたら、どんなに高い評価を得た仕事にも、縛られることはなくなるのではありませんか？

どの仕事にも自分を反映していけばいい。ただそれだけのことです。〝内なるライバル心〟など、所詮、何の意味もない幻のようなものなのです。

## 素直な気持ちが、成功のヒントを見出す

さて、一般的なライバルについてですが、おたがいが切磋琢磨し合う関係が、ほんとうのライバルでしょう。

「あいつには負けられない」という意地が前面に出て、負けないためにはけなしもするし、貶めもするというのは本物じゃない、という気がしますね。

相手の成功も率直に受けとめ、「おみごと！」のひと言くらいいえるようでないと、誰からもライバル視などされないのではないでしょうか。

斜に構えて、相手の成功を受けとめかねているようでは、その成功からヒントを得ることもできません。

素直な気持ちで真正面から受けとめるから、成功のヒントが見えてくるのです。そして、次は自分が「おみごと」の言葉を返してもらえる立場にもなれる。ライバルとはそういうものだと思います。

# 渡る世間が生涯続いていくことを、忘れない

## 禅語「利他」の心を識る

### 世間はそこまで甘くない

世渡りがうまい。この言葉を聞いてあなたはどんなイメージを持ちますか？　よいイメージを持っているという人は、ほとんどいないのではないでしょうか。

世の中をスイスイと渡っていく。あちらに儲け話があれば、めざとくそれを見つけ、あるいは嗅ぎつけ、そこに近づいていく。こちらに利用できそうな人がいたら、巧みに擦り寄り、チャッカリその恩恵に与る。逆に、自分にとって何の役にも立たない人

間と見たら、ケンもほろろの扱いをする。仕事の結果がよかったときは、自分の存在をとことんアピールする一方で、失敗となったら誰かの陰に身を隠して、いっさいの責任を逃れてしまう……。

それが世渡り上手に対する、世間一般のイメージかもしれません。そこに共通しているのは、「利によって動く人間」ということでしょう。たしかに、利を最優先にして生きていたら、一時的にたくさんのお金を手にしたり、豪勢な生活が送れるということはあるかもしれませんね。

しかし、世渡りの手練手管《てれんてくだ》はそうそう通用するわけではありません。渡る世間はそこまで甘くはないのです。

本性はいずれ露見します。早い話、利用されたことがわかったら、その人はもう二度と近づいてこないでしょうし、手柄は自分のもの、ミスは他人のせい、という仕事ぶりだったら、遠からず、周囲から総スカンを食らうことになるのは必定です。

世渡り、つまり、世間で生きていくことは一生続くのです。

そうだとしたら、いわゆる世渡り上手といわれる、利にさとい生き方は、どうもほんとうに「うまい（充実した）」生き方とはいえないという気がしませんか？

## 人間は人と人とのあいだで生きている

世間のことを、「人間（じんかん）」ともいいます。

「人間《じんかん》万事塞翁《さいおう》が馬《うま》」という諺の人間はまさに世間のことです。そう、人は人びとのあいだで生きているのです。自分とかかわりを持った人、つながりができた人を心地よくさせたり、縁ができたことを感謝してもらえたり……。

人間（世間）を生きるうえで、それ以上に幸福なことはないと思うのですが、いかがでしょうか。

「本来面目（ほんらいのめんもく）」という禅語があります。

人が本来備えているありのままの姿、余計なものを何もまとっていない純粋な姿、という意味です。

人はまっさらな心を持って生まれてきます。しかし、生きていくうちに手垢もつくし、塵も積もる。

それをどう拭っていくかが生きる課題だといってもいいでしょう。いかに本来の面目を自分のなかで取り戻すかですね。

「利他《りた》」という禅語は自分のことよりも、まず、他人のためになることをしなさい、と教えています。それがひいては自分のためにもなる。他人も自分もともによくなる、というのが禅の考え方です。

これも人間を生きるヒントです。

世渡りがうまかったか、そうでなかったか、が決まるのは人生最後の瞬間です。そこで「ああ、いい人生だった」と心の底から感じられたら、人間をみごとに誠実に生きてきたということになるのだと思うのです。

さあ、勝負はまだまだこれから。通り一遍の世渡り上手からは距離を置いて、丁寧に一生懸命に人間を生きてください。

# 何より大事なのは、「一歩」を踏み出すこと

## 仕事の目標を定めるよりも、まずとにかく動く

### 目標を持つ意味とは

仕事をするうえで目標を持つことは大切です。

目標もなく、場当たり主義でそのときどきの仕事に取り組むという姿勢では、意欲的にはなれませんし、その場に自分の足跡をしるすこともできないでしょう。

大きな目標（夢といってもいいのですが……）については、長期展望に立ってつくるのがいいと思います。起業して一国一城の主になる、営業で社内のトップをとる、

技術者としてエキスパートになる……。

どれも一朝一夕には達成できない目標ですが、はっきりそれを定めることで自分がゆくべき方向性が見えてきます。

つまり、何をなすべきかがわかってくるのです。ここは大事なところです。方向性を見据えないで、ただ闇雲にがんばっても、右往左往するばかりで、前には一歩も進んでいないということがあるからです。

起業するなら資金の調達や起業を考えている分野の情報収集が課題になるでしょうし、トップセールスマンをめざすなら、自分なりの〝売るノウハウ〟をつくり上げることが必要になるはずです。技術のエキスパートをめざしていれば、社外にも目を向けて、どこかに鍛錬の場を見つけ、そこでスキルを徹底的に磨くことがテーマになるかもしれませんね。

もちろん、目標を達成するまでにはいくつもの関門があります。それを中間目標にして、そこに行き着くために、具体的にいまできることを明らかにする。その作業も必要になります。

## 踏み出すのは、できるだけ早いほうがいい

そして、何より大事なのはとにかく「一歩踏み出す」ということです。

禅にこんな話が伝わっています。

鎌倉時代末期から南北朝時代に生きた関山慧玄《かんざんえげん》禅師にまつわるものです。関山禅師は鎌倉の建長寺でも修行をし、京都の妙心寺のご開山（初代住職）として知られていますが、その生活ぶりは質素そのもの、隠居生活を送っていた折には、文字どおりのあばら家に暮らしていたといわれます。

ある日のこと、急に雨が降り出した。あばら家ですから、当然のように雨漏りがします。

「誰か雨を受けるものを持っておいで」

禅師は弟子たちにそう命じました。弟子たちはそれぞれに雨受けに適当なものを探して、家のなかをウロウロします。

そんななかでひとりの弟子が、さっとザルを差し出したのです。天井から落ちてくる雨を受けるのですから、適当なものといったら桶や鍋、せいぜい譲っても薬缶でし

ょう。雨水がす通しになってしまうザルはいかにもふさわしくありません。

ふつうなら禅師の「一喝」があっても不思議はない場面です。ところが、禅師はザルを差し出した弟子を褒めたのです。

「雨受けには何がよいだろうか?」と頭で考えているのではなく、咄嗟に動いたことを評価したからです。たとえ、それが見当違いであっても、とにかく動くこと、一歩踏み出すことが大切なのだ、と禅師は教えたかったのです。

目標に向かって一歩を踏み出すのは、できるだけ早いほうがいい、と私は思っています。

この弟子のように、仮に間違えたとしても、失敗があっても、三〇歳くらいまでだったら、十分にやり直しが利きますし、その失敗が財産にもなる。

踏み出したその一歩からしか、何も始まらないのです。

# 第四章

# とどまらない

――息を正し、人生を整える

## 図太く生きる

### 呼吸を整えると心も整う

#### ●背筋を伸ばせば呼吸は整う

ふつうに日常生活を送っていても、突然、思わぬ事態に遭遇することがあります。みなさんが思い浮かべるのは、あの二〇一一年三月一一日の東日本大震災かもしれません。

地震などの突然の天変地異が起きたとき、あわてふためいて頭が真っ白になり、何をしていいかわからなくなる人もいれば、冷静沈着を保ち、的確に行動できる人もいます。

後者は周囲から見ると、「図太い人」という印象を持たれるでしょうか。図太いというと、ふてぶてしい、傲岸不遜《ごうがんふそん》、といったニュアンスがありますが、どんな状況にあっても心を乱すことなく対応できるというのも、しっかり肝が据わっているということですから、よい意味での図太さを持ち合わせている、といっていいのではないでしょうか。

突発した事態に慌てふためいてしまうのは、その状況に振りまわされて、心が激しく揺れ動くからです。

そこに深くかかわっているのが、やはり呼吸です。あわてているときの呼吸は乱れて速くなり、また、浅い胸式呼吸になっています。

この呼吸の乱れが心も乱すのです。私はときどき講演をする機会をいただくことがあるのですが、最初の頃はスタートの時間が迫ってくると、心臓はバクバクし、呼吸もハァハァと荒くなっていました。心も気持ちも、いわゆる「あがった」状態になって、お話しする流れを書いておいたメモ原稿も、「あれっ、いまどこを話しているのだっけ？」という調子だったのです。

姿勢も前かがみになっていましたから、聴衆のみなさんにもあきらかに〝慣れていない〟ことが伝わってしまっていたのだと思います。しかし、回数を重ねるにつれて、呼吸が乱れることはなくなりました。

呼吸と姿勢は密接に関連しています。緊張していてもまずは背筋を伸ばします。すると呼吸もしだいに整い、心も落ち着いていくのです。

心の乱れがなくなったら、自信を持ってお話しすることができる。聴いてくださっているみなさんの様子を冷静にチェックしながら、「ここで盛り上げたらいいかな」というふうに、その場の雰囲気に応じて、話の流れにメリハリをつけることができるようにもなったのです。

## 平常心是道、緊張も引き受けてしまいなさい

あわてふためくような状況になったら、とにかく呼吸です。「落ち着かなきゃ、落

ち着かなきゃ」といい聞かせても、さして効果はありません。それどころか、かえって〝落ち着いていない自分〟に心がとらわれて、そこから抜け出せなくなります。深く腹式呼吸（丹田呼吸）を数回。ほかのことは放っておいて、呼吸を整えることだけに専心してください。ふだんどおりの呼吸ができたら、心は状況に振りまわされたり、惑わされたりしなくなります。

「平常心是道《びょうじょうしんこれどう》」という禅語は、どんな状況にあっても、どのような状態のときも、いつも変わらない心でいなさい、という意味ではありません。人には喜怒哀楽がありますし、緊張することだって少なくないかもしれない。そうであるなら、そのときどきの心を誤魔化したり、無理に排除しようとしたりしないで、引き受けてしまいなさい、そして、私利私欲にとらわれず仏様におまかせしなさい、というのがこの禅語のいわんとするところです。引き受けるためには整った呼吸が絶対必要。私はそう思っています。仏様におまかせしていたら、いつも心はどっしりと据わって、安らかです。

# 病気になっても一歩一歩、前を向いて歩く

健康でも病気でも、毎日は貴重な時間です

## 病に臥せった時間を価値あるものにする

ほんとうに大切なものは失ってみてはじめて実感としてわかる。そんな言い方がありますが、失って大切さを思い知るといえば、健康が最たるものでしょう。

健康でいるあいだはそれが当たり前のことだと思って、ほとんど意識することもないのに、いざ、病気にみまわれると、とたんにそのありがたさがしみじみ身にしみるのです。

身にしみて、感謝の心でそれをじっと噛みしめるのならいいのですが、たいがいは、病に冒されたわが身を憂いたり、嘆いたりすることになります。
「なんで、よりによってこの自分が」という気持ちになるのも、とても理解できます。憂いや嘆きにいくばくかでも意味があれば、それもひとつの心の持ちようでしょう。しかし、当たり前のことですが、憂いても、嘆いても、いやだ、いやだと思っても、それが病気の快癒に役立つことなど、これっぽっちもないのです。

考えてみてください。健康で仕事をバリバリこなし、社会的な活動もしている時間が価値あるもので、病に臥せっている時間は価値のないものなのでしょうか。そんなことはない、と誰もが答えるかもしれませんが、病気を患った自分を憂い、嘆くということは、じつは病などに時間を費やしていることには価値がないと思っていることにも等しい、という気がします。

生まれながらに障害を抱えている人がいます。心ならずも長患いをしなければならないという人がいます。

そうした人たちの過ごす時間は価値がないのでしょうか。意味のない時間なのでしょうか。価値のなさを憂い、意味なきことを嘆く。それがその人たちにふさわしい時間の過ごし方だ、とでもいうのでしょうか。

## 禅は、日常すべてが修行

健康であるから、病気になったから、という視点で考えるのはやめませんか？　禅では日常でおこなうことのすべてが修行です。坐禅も修行なら、ごはんを食べることも修行。

傍から見ると、坐禅は立派な修行で、飯を食うのは修行ともいえない、と見えるかもしれませんが、その価値には微塵の違いもないのです。

健康だったら、その健康な体と心で精いっぱいに生きる。病気なら、その病を抱えた体と心で精いっぱいに生きる。

かたちは違っても、どちらも充実した時間です。

一歩、一歩前に、たしかな歩をすすめていく人生です。

曹洞宗大本山總持寺の貫首でいらした板橋興宗禅師は、ずいぶん前からがんを患っておられます。

板橋禅師にがんが見つかったとき、私は手紙を差し上げました。「お体、大丈夫ですか？」。

手紙でそう尋ねた私に禅師はこう答えられました。

「はい、はい。お蔭様でがんとは仲よくやっておりますよ」

八〇代半ばとなられたいまも、禅師は修行僧たちに交じって掃除をされ、ときには托鉢にも出かけられます。ご自分の時間を精いっぱい生き、悠然と前を向いてあゆんでおられる姿でしょう。

僭越のそしりを受けることを承知でいえば、正真正銘の「みごとな生きざま」です。

健やかでも堂々、病んでも堂々。そんなふうに生きたらいい。

# 「禅の庭」が自分の成長を気づかせてくれる

## 昨日とは違う自分を識る

### 「禅の庭」にもう一度行ってみませんか

「禅の庭」のデザインを手がけているからでしょうか、よくこんな質問をされます。
「今度、友人たちと京都に行くのですが、どこかここを見たらいいというお庭がありませんか？」

京都には龍安寺や天龍寺など、大好きな「禅の庭」がありますから、「龍安寺や天龍寺はいいですよ」と答えると、決まったようにこんな答えが返ってきます。

「龍安寺や天龍寺は、もう、前に見てしまっていて……。どこか、ほかのお庭でおすすめはありませんか？」

「禅の庭」を一度見たら、〝一件落着〟というわけです。しかし、何度訪れても、そのたびに違った風情を見せてくれるのが「禅の庭」なのです。あわてて一件落着としてしまうのはもったいないことです。

四季によって「禅の庭」の風景は変わります。樹木の色ひとつとっても匂い立つようなあざやかな緑の時季もあれば、目に焼きつくような深みのある赤の時季もあります。

しかし、そうした変化だけではありません。まったく同じ時季に訪れても、年が違えば「禅の庭」は姿を変えているのです。

もっといえば、きょう眼前にした「禅の庭」と明日その前に立った「禅の庭」も違います。

なぜだと思いますか？

「禅の庭」を見るあなたが、そのときどきで違うからです。

## 心は絶えず新たなものに変わっている

中国古典の『大学』は四書のひとつですが、そこにこんな言葉があります。

「日々新（ひびあらたなり）」

毎日同じように一日が繰り返されるように見えても、人は日々新たな心でそこに生きている、といった意味ですね。何度、同じ「禅の庭」の前に立っても、その心は絶えず新たなものに変わっているのです。

ですから、当然、風情も違ったものになるのです。

「禅の庭」は簡素な美しさをどこまでも追求し続ける芸術だ、といっていいと思います。その簡素さゆえに、見るものに語りかけてくるもの（メッセージといってもいいのですが……）は、無限の深さと広がりを持っているのです。

心が新たになれば、受けとるメッセージも違ってきます。

前の年には気づかなかったことに、次の年には気づくのです。新しい発見があるといってもいいでしょう。

「去年見たときには、ぽつんと寂しげに立っている木だとしか思わなかったものが、今年見ると、あの一本の木が庭全体から醸し出される静けさの〝もと〟になっているような気がしてきたなあ」

それまでとは違った気づき、新しい発見は、日々の新たな心の積み重ねによる心の成長があったからこそ、成し得たものだとはいえないでしょうか。

その意味では、心の成長を知らせてくれるもの、それが「禅の庭」だといってもいいと思います。

さまざまな「禅の庭」を駆け足で巡るのも悪くはありませんが、どこか気に入った庭を見つけ、折々に訪れて、ゆっくりその前に立ち、自分の成長を知るのも、なかなか素敵な時間の過ごし方ですよ。

# 自分のやり方で一歩ずつあゆみ続ける

## マニュアルから抜け出す

### ドーナツ五〇個注文されたら

生きていくということは高い山を登るようなものかもしれません。ペースは人それぞれです。体力にまかせて一気呵成《かせい》に登ろうとする人もいれば、遅々たるあゆみでいただきをめざす人もいる。「ウサギとカメ」の寓話のウサギタイプで、途中でひと眠りしていたら、一緒に登り始めた人に大きく水をあけられていた、ということだってあるのでしょう。

もっとも、いまはマニュアル本が次から次に出版されています。仕事の成功マニュアルから生き方マニュアル、人間関係マニュアル、恋愛マニュアル、結婚マニュアル、離婚マニュアル、話し方マニュアル……とそのジャンルはきわめて多岐にわたり、まさしく百花繚乱の趣です。

こうマニュアル〝文化〟が定着してしまうと、みんなが右へ倣えで同じ登り方をするようになっているのかもしれません。しかし、マニュアルというのは一定の指針にはなっても、信奉しすぎるとけっこう危ない。

以前、こんなことがありました。

私の寺に工事の職人さんたちがたくさん入っていたことがあります。そのときのことですが、三時のおやつを用意しようと、先代住職が近くのファストフードのドーナツ屋さんにお使いに行ったのです。ドーナツ五〇個です。

さて、話の佳境はここから。店頭で注文をしたところ、店のスタッフからこんな答えが返ってきたというのです。

「ドーナツ五〇個ですね。かしこまりました。こちらでお召し上がりになりますか？

それともお持ち帰りになりますか？」

もちろん、スタッフはマニュアルどおりの対応をしたのでしょう。しかし、です。五〇個のドーナツをひとりで「こちらでお召し上がりになれる」人がいるでしょうか。滅多にいませんよね。そんなことは考えるまでもなく判断できるはずです。頼りになるマニュアルも、ひとつまちがえると、とんだスラップスティック（ドタバタ劇）を現出させてしまうことになるのです。

## どんな道でも悟りに通じているのです

山を登るのも、人生をあゆむのも、やはり自分のやり方を見つけ、それを貫くことが大事です。

マニュアル信奉はもちろん、「彼の生き方が羨ましい」「彼女って生きるのが上手」と他人様の流儀に心動かされるのも考えものです。

趙州《ちょうしゅう》禅師にこんな言葉があります。

「大道長安に透《とお》る（通ず）」

長安は現在の西安で、中国唐代にもっとも栄えた都です。禅師は悟りの境地を長安にいたることに喩えて、この言葉をいったわけですが、どんな道も悟りに通じている、自分が歩いているその道をひたすら歩いていけばいい、という意味でしょう。

よそ見をして彼の道、彼女の道を眺めていたってしかたがない。自分の道を自分らしく、歩いていくしかないのです。

「歩歩是道場」は私が座右の銘としている禅語です。

どこにいても、何をしていても、率直な自分を生きていたら、すべてが自分を高める修行道場になる、という意味ですね。

率直に、真摯に生きるあなたの一歩一歩が、何よりたしかな人生のあゆみなのです。安心して歩をすすめましょう。

# 思い込みを捨ててきってしまいなさい

## 嫌なことを先延ばしにしていませんか

### 先に送るほど、心に重荷がのしかかります

「ああ、これをやらなければいけないのだった。いやだなあ。ここはひとまず先送りにしておくか」

そんなことがありませんか？　日々の生活のなかには、嬉々として取り組めることもあれば、煩わしい、面倒だという思いが先に立って、なかなか取り組めない、できればやりたくないということもあります。

しかし、誰もが経験していることだと思いますが、嫌なことを先送りにすればするほど、それは重荷となって心にのしかかってきます。

例をあげましょう。たとえば、恋人とのデートや仲のよい友人たちとの食事会、飲み会。これは「嬉々」のほうですから、数日前から心うきうきして、待ち遠しい思いが胸いっぱいに広がる、ということになるのかもしれませんね。

一方、ちょっとした言葉の行き違いから、傷つけてしまった友人に対する謝罪はどうでしょうか。

仕事のうえでのことなら、ビジネスの一環として頭を下げることにさほど抵抗がなくても、プライベートな場面で、相手が友人ということになると、これがけっこう難儀なのです。できれば、明確な謝罪なんかしないで、曖昧なままなし崩し的に関係が修復されるのが望ましい、と思ったりするわけです。

しかし、それでは表面上は関係がもとに戻ったように見えても、どこかにしこりが残らないでしょうか。

「人を傷つけても、謝らない（謝れない）やつ」という思いが、相手の心の隅に引っかかり続けるという気がしませんか？　こちらにだって、謝れなかった自分に対する後ろめたさみたいなものが残るはずです。

### あるのはただ、なすべきことのみ

嫌だなあ、煩わしいなあ……というのは、いってみれば思い込み、こだわりです。「放下着《ほうげじゃく》」という禅語があります。

思い込みやこだわりのいっさいを、捨てて、捨てて、捨てきってしまいなさい、というのがその意味。

もちろん、捨てきることは簡単なことではないでしょう。しかし、少々無理をしてでも、あえてやってみる。

すると、ほんとうになすべきことが見えてくるのです。

このケースでいえば、なすべきなのは〝なし崩しを願う〟ことでも、〝謝るか、謝らないままですますか、を考えて悶々とする〟ことでもなく、〝素直に謝る〟ことだというのが、ストンと胸に落ちてくる。

禅的にいえば、いやなことも、煩わしいことも、じつはないのです。

あるのはただ、なすべきことのみ。

いやだ、煩わしいといった思い込みやこだわりは、人の勝手なはからいです。はからいを心に棲まわせて、それに振りまわされている、というわけですからやっかいなことです。

なすべきことは、いやだろうが、煩わしかろうが、やるほかはありません。だったら、そんなはからいは捨てて、いや、捨てられないまでもちょっと脇に措いて、やってしまうことです。

「人間、ひと皮剥ける」という表現がありますが、人を大きくするきっかけも、豊かにする糧も、なすべきことをやり続ける、ということにしかないのです。

# 不安な心とやらを、ここに持っておいで

## 実体のない不安におびえてもしかたがない

### ●心配ごとは、心が勝手につくりだしているもの

みなさんにも「まんじりともしないで夜を過ごした」経験があると思います。眠れないのは心配ごと、不安が心を占めてしまって、神経が高ぶっているからですね。高ぶりに拍車をかけるのが夜の闇です。

部屋のなかは明るくても、その時間帯が静寂と闇が支配する夜だという感覚（どこか畏《おそ》れにも似た感覚といっていいかもしれません）が心にはあります。

そこで、思いはネガティブな方向にむかい、心配ごとがさらなる心配ごとを生み、不安がまた別の不安を引き寄せる、ということになる。思いが負のスパイラルに陥るのです。

たとえば、ふと家族のことが頭をよぎる。「そういえば、娘が元気ないなあ」→「学校で何かあったのかな?」→「まさか、イジメを受けているのではないだろうな」→「いや、あの元気のなさはただごとではない」→「そうだ、イジメだ。いじめられているに違いない!」→「早く手を打たないとたいへんなことになるぞ」→「でも、どうすればいい? 親はいったい何ができるというんだ。ああ、悩ましい!……」といった塩梅で、思いは負のほうへ、より悪い事態を想定する方向へとエスカレートしていく。

これでは眠れなくなって当然でしょう。

しかし、心配ごとも不安も現実には起きていないわけです。

禅にはよく知られたこんなエピソードがあります。達磨《だるま》大師と弟子の慧可《えか》にまつわるものです。慧可が師匠の達磨に尋ねます。

「どうしても心が不安でなりません。どうか安心させてください」

以下の問答は次のように続きます。

「わかった。じゃあ、その不安な心とやらをここに持っておいで。持ってきたら安らかにしてやろう」

「不安な心を探し求めましたが、どうしても見つかりません」

「そうか、さあ、もうすでにおまえの心を安らかにしたぞ」

不安な心を一生懸命に探し求めた慧可は、不安には実体がないことに気づいたのです。それに気づいたら不安に駆られることなどない、心はいつも安らかでいられる、というのがこのエピソードの教えですね。

心配ごとや不安は心がつくり出しているもの。そのことは、ぜひ、胸にとめておいてください。

どんな事態への対応も、現実に起きてから、あるいは起きる可能性がきわめて高くなってきてから、全力でやればいいのです。

## 寝てしまうのがいちばんです

さらにいえば、夜眠れないほど〝切実〟なものと思えた心配ごと、不安のほとんどは実際には起こらない、といっていいのではないでしょうか。

例にあげたケースでも、朝になって、娘に「きのう、ぜんぜん元気がなかったけど、学校で何かあった？　まさか、イ、イジメ……」と恐る恐る聞いてみたら、「学校？　すっごく楽しいよ。きのうはちょっと風邪気味だっただけ」なんて答えが返ってくるものなのです。

夜はとくに心配ごと、不安のタネになるようなことは考えない習慣をつけましょう。何か心に引っかかりそうなことがあったら、軽く身体でも動かして、あるいは適度にお酒をいただくなりして、寝てしまうのがいちばんです。

# まあ、お茶でも一服おあがり

## 心を荒立てずに過ごすコツ

### ●心が荒立つ日は、誰にでもあるものです

気持ちがトゲトゲする。心が荒立つ。日々の暮らしのなかには誰にだってそんなときがあるものです。もしかしたら、噴き上がってくる感情のやり場が見つからなくて、何かに〝あたる〟なんてこともあるかもしれませんね。

しかし、その後にやってくるのは苦い後悔の念。荒立った心が今度はシュンと沈み込むことになるのです。

いつも穏やかな心でゆったりと毎日を送る、人生を生きていく、というのはなかなかに至難のわざです。

感情を逆なでして心を荒立たせるきっかけとしては、やはり、人間関係のなかで起きるさまざまなことが、もっとも多いのではないでしょうか。好むと好まざるとにかかわらず、誰もがかなりたくさんの人たちとかかわっています。

なかには皮肉っぽいものの言い方をする人もいるでしょうし、ふるまいが粗雑な人もいるでしょう。あるいは、つねに上から目線で接してくる人もいれば、こちらの気持ちを忖度《そんたく》することをしない人、デリカシーのかけらもない人、などもいるかもしれない。そんな人と時間をともにすると、心は穏やかではいられなくなることもあるでしょう。

「いつものことだけれど、何もあんな言い方をしなくたって。あの人と会うといつだってむしゃくしゃするな」

「あの偉そうな態度、なんとかならないのか。いったい何様だと思っているんだ！」

しかし、会っているだけで気持ちが和み、心が癒される人などそうそういるわけではありません。なくて七癖という言葉がありますが、人の個性はいろいろですから、誰もが少なからず、こちらにとって好ましくない部分を持っていても不思議はないのです。

## 人や物事を〝仕分け〟しないこと

「喫茶去《きっさこ》」という禅語があります。前にも紹介した中国唐代の趙州禅師のエピソードから生まれたものです。

趙州禅師のもとに修行僧が教えを乞いにやってきます。趙州禅師が尋ねます。

「おまえさんは前にもここにきたことがおありかな?」

修行僧が「はい、まいったことがあります」と答えると、禅師は「喫茶去」とだけいう。

「そうか、じゃあまあ、お茶でも一服おあがり」ということです。

別の修行僧がやってきても、禅師はまた同じ問いかけをします。その修行僧が「いいいえ、以前にうかがったことはありません」と答えても、禅師がいうことは変わりません。「そうか、じゃあまあ、お茶でも一服おあがり」なのです。

その問答を聞いていて不思議に思ったのが禅師が逗留していた寺の院主《いんじゅ》さん。そこで禅師にこう尋ねます。

「ここにきたことがあるという人にも、ないという人にも、同じように〝お茶でもおあがり〟といわれますが、いったいどういう理由からですか？」

禅師は院主さんにいいます。

「まあ、お茶でも一服おあがり」

はじめて会った修行僧にも、以前に会っている修行僧にも、親しくしている院主さんにも、まったく同じ言葉で対応した禅師の真意は、人を立場や関係性、また、その人の個性で〝仕分け〟してはいけない、どんな人に対しても同じ心で接しなさい、ということにあるのでしょう。この「喫茶去」の心持ちで相対したら、相手が誰だろうと、こちらの心が荒立ったりすることはない。皮肉屋、上から目線といった〝個性〟も、おおらかに受けとめることができるのです。

# 自分の中で「喝」を入れる

## 境界でONとOFFが入れ替わる

### 禅寺の門の意味とは

仕事も日常の生活も、気持ちよくすすめるには「ON」と「OFF」の切り替えが必要です。

しかし、これがうまくいかないという人がたくさんいます。自宅に戻ってからも、「明日の会議の資料、これで十分かな。もう少し集めないと説得力に欠けやしないか。やっぱり、明日の朝、早く会社に行って資料にあたったほうがいいいな」などと、仕事のことで頭がいっぱいだったり、逆に会社のデスクに座っていながら、「明日は久々のゴルフかぁ。楽しみだな。帰りに練習場によって何発か打っておくか」と仕事そっちのけでオフタイムのことを考えたり……していませんか?

切り替えができないと、生活にメリハリもつきませんし、人生という視点で考えても、どこか充実感の薄いものになってしまう気がします。仕事のときは仕事に集中する、プライベートでの行動も、そのひとつひとつに一生懸命になる、ということであってこそ、充実した人生といえるのだと思うのです。

前に禅寺の門についてお話ししました。

参拝する人は門をひとつくぐるごとに、心の塵を払い落として、素直な裸の心になっていく。門が〝浄(聖)〟と〝俗〟を分ける境界になっているわけです。

それに倣って「ON」と「OFF」の境界をつくってはどうでしょう。たとえば、自宅の玄関やマンションの入り口ドアを空間的な境界にするのです。そこを一歩出たら、「ON」のスイッチを入れて仕事モードになる。また、仕事を終えてそこに一歩入ったら、今度は「OFF」スイッチに切り替えて、仕事は頭から切り離し、プライベートな時間を楽しむモードになる、という塩梅ですね。

## 意識のなかの境界

ただし、それだけではスムーズな切り替えができないかもしれません。そこで、意識のうえでも境界をつくる。みなさんも「喝《かつ》」という言葉は知っているでしょう。これはもともと禅語です。

最初に「喝」を放ったのは百丈懐海《ひゃくじょうえかい》禅師の師匠にあたる馬祖道一《ばそどういつ》禅師だといわれますが、これをしばしば用いたのが臨済宗の開祖である臨済義玄《ぎげん》禅師です。臨済禅師が著した『臨済録』のなかに、喝についてのくだりがあって、こう書かれています。

「有る時の一喝は金剛王宝剣の如く」

金剛王宝剣に斬れないものはない、名剣中の名剣です。その剣のように一喝は、心に引っかかっているもの、わだかまっているもの、の一切合切を一瞬にして切り捨てるというのです。

意識を切り替える〝境界〟としてこれほどふさわしいものがあるでしょうか。空間的な境界を越えるときに、「喝！」とひと声あげる。それによって意識を仕事からプライベートへ、また、プライベートから仕事へ、と切り替えるのです。

本来は大声で「一喝」するのがいいのですが、住環境などの問題でそれが憚《はばか》られるというのなら、心の内で叫んでもかまいません。

継続は力です。しばらくそれを続けて、習慣になってくると、不思議なほどスパッと切り替えができるようになります。

「ＯＮ」と「ＯＦＦ」が曖昧ではっきりしない人生と、それが明確に分かたれている人生では、色合いが違います。もちろん、後者の色合いのほうがずっとあざやか。ぜひ、「喝」を実践してください。

# どんな場所でも、何をしていても、そのことを楽しむ

「遊戯三昧《ゆげざんまい》」は案外難しい

## かぎりある人生を気持ちよく生きるために

この世に生を享けたものには、たったひとつ、誰であっても変わらないことがあります。必ず、その生は終わりのときを迎えるということです。どんなに裕福でも、権威を持っていても、尽きようとする命を長らえることはできません。誰の人生も、どのような人生も有限です。

かぎりある人生、あくせく生きるより、気持ちよく生きたほうがいい。誰でもそう

思っているはずですが、具体的にどうしたらいいのかがわからない、ということが多いのではないでしょうか。

私はこう考えています。どんな場所にいても、何をしていても、そのひとつひとつのことを楽しむ。そうしたら、人生を格段に気持ちよく、清々しく過ごすことができると思うのです。

「遊戯三昧」という禅語があります。

『無門関』という公案集に出てくるものですが、「遊戯」は遊び、「三昧」はひたすらおこなうことですから、いってみれば、遊び倒せということです。「ガッテンだぁ！それならまかせておいて。遊んでいるだけなら、たしかに楽しいし……」という声が聞こえてきそうですが、ちょっと待ってください。

とにかく遊び呆けていればいい、というのが「遊戯三昧」の意味するところではないのです。

ここで大好きなスポーツや趣味に興じているときのことを思い浮かべてみてください。ゴルフでも囲碁や将棋でも、好きなことをやっているときは、無心にそのことを楽しんでいませんか？　それをやると何が得られるとか、何かよいことがあるとか、はいっさい頭にありませんね。

「〜のため」ではなく、ただ、それをやることだけが目的なのです。そのことと一体になっているといってもいい。これが遊戯三昧の境地です。

## やることを、ひたすらに楽しむ

四季がそれぞれに美しい日本では、お花見や紅葉狩りといった自然と触れ合う伝統的な催しがあります。咲き乱れる桜のみごとさに、あるいは、色づいた樹木の繊細な色模様に、ふと時間を忘れる。心も身体も自然と一体になっているそのときは、まさに遊戯三昧の境地にいるのです。

「（桜よ、紅葉よ、）楽しませてくれてありがとう」

感謝の気持ちがどこからともなく湧き上がってきます。

「楽しいことをやっているときなら、そんな境地にもなれるかもしれませんが、別に楽しくもないことだったら、とても、とても、そうはなれない」

楽しいことをやる、という発想ならそうなるかもしれません。

しかし、遊戯三昧はやることそのものを楽しむ、という発想なのです。無心でゴルフボールを打つように、きつい仕事にも取り組む。囲碁で妙手を考えるように、苦境を乗り越えることを考える。

少なくとも、その心持ちでどんなものごとにも向き合ってみませんか？　すると、やることを楽しむという遊戯三昧の境地に一歩ずつ近づいていきます。

実際、きつい仕事をやり終えて爽快感を味わったり、苦境を乗り越えて充実感にひたったりした経験はどなたにもあるはずです。それは、結果を楽しんでいることではありませんか？

だとすれば、結果ばかりでなく、そのプロセス（やることそのもの）を楽しむというところまで、そう遠い距離ではありません。遊戯三昧はけっして〝彼岸〟にあるわけでないのです。

本書は書き下ろしです

**著者紹介**

**枡野俊明**　1953年神奈川県生まれ。玉川大学卒業後、大本山總持寺にて修行。現在曹洞宗徳雄山建功寺住職。多摩美術大学環境デザイン学科教授。

庭園デザイナーとしての活躍もめざましく、禅の思想を取り入れた庭園デザインは国内外で高い評価を得る。2006年ニューズウィーク日本版にて「世界が尊敬する日本人100人」にも選出される。ほかに、芸術選奨文部大臣新人賞、ドイツ連邦共和国功労勲章功労十字小綬章受章。

主な著書に『禅、シンプル生活のすすめ』(三笠書房)、『禅が教えてくれる 美しい人をつくる「所作」の基本』『禅が教えてくれる美しい時間をつくる「所作」の智慧』(幻冬舎)、『人間関係がシンプルになる禅のすすめ』(小社刊)など多数。

ゆったり生《い》きる「踊《おど》り場《ば》」の見《み》つけ方《かた》

2013年8月20日　第1刷

著　者　枡《ます》野《の》俊《しゆん》明《みよう》

発行者　小澤源太郎

責任編集　株式会社 プライム涌光
電話　編集部　03(3203)2850

発行所　株式会社 青春出版社
東京都新宿区若松町12番1号 〒162-0056
振替番号　00190-7-98602
電話　営業部　03(3207)1916

印　刷　中央精版印刷　製　本　大口製本

万一、落丁、乱丁がありました節は、お取りかえします。

ISBN978-4-413-03894-2 C0095